私、合ってますよね？

しちゃう、
できない、
やめられない
の正体

臨床心理士
玉井 仁

ニューモラル出版

はじめに

成長する人を見守る体験

私は臨床心理学を長く学び、人と関わる仕事に就いてきました。それでも、いまだに知らないことがたくさんあり、人についての興味は尽きません。臨床心理士としてのキャリアを目指したのも**「人間を理解したい」**という思いからでした。

その裏には、当時の自分は認識していませんでしたが、**「自分を理解したい」**という欲求や、自分の中にある課題を感じていたのかもしれません。

実際に相談にいらっしゃる方々（クライエントと呼びます）を目の前にして、その方々が自らの課題を見つめ、それを乗り越えていこうとする努力、つまり自らの成長を促そうとする取り組みには頭が下がる思いと尊敬の念が湧き上がることもしばしばです。私もクライエントさんらの成長を応援する者として、自らも成長に向けた取り組みを続けることは大切だと考えています。

人は日々を過ごす中でさまざまな体験を重ねます。それら体験からの学びにより、成長が促されることもあります。学ぶためにはPDCAサイクルのような取り組みも大切です。

PDCAとは、Plan（計画）、Do（実行）、Check（測定・評価）、Action（対策・改善）の仮説・検証型プロセスを循環させ、品質を高めようとするマネジメントの中で使われる言葉ですが、言い換えると準備、実行、振り返りの繰り返しです。

ただ漫然といつも同じ失敗を繰り返しているのでは、成長はおぼつかないものです。**失敗そのものについては、必ずしも悪いものではないのですが、何度も同じミスが繰り返されているときには、なんらかの対策や工夫が必要です。**

私の専門領域のひとつに認知行動療法というものがあります。これはさまざまな考えや行動のクセ（つまりパターン）を見て、自分にとって有益と感じられるスタイルを身に付けていく治療法のことです。このアプローチには、同じような問題の繰り返しの改善に役立つ視点や手法がたくさんあります。

この本にも一部、その考え方を取り入れていますが、認知行動療法については詳しく触れていませんので、関心がある方は拙著《せっちょ》『マンガでやさしくわかる認知行動療法』（日本能率協会マネジメントセンター刊）をご覧いただければと思います。

大人ってなんだろう？

さて、トラウマという言葉を聞いたことがある人も多いでしょう。

トラウマとは心的外傷とも言い、人が一般の生活では経験しないような衝撃的な出来事に出合ったり、長期にわたって否定され続けた体験をしたりして、それをうまく克服できていない状態を示します。ＰＴＳＤ（心的外傷後ストレス障害）という精神科領域での診断名がありますが、これはそういったトラウマにとらわれてストレス状態に陥り、特有の症状が確認されていることを意味します。

このトラウマへのアプローチも私の専門領域のひとつなのですが、近年は心的外傷後成長という概念も語られるようになりました。以前から知られてはいたのですが、トラウマを克服した後に、人間的に大きな成長を遂げるというポジティブな変化です。

トラウマとなった過去の体験を克服していく中で、人生への受け止め方、人間関係に対する柔軟さ、可能性や意味への深い洞察などが大きく変化していくのです。私もそのような人々の姿を目の当たりにして感動したことが多々あります。

さて、「成長」という言葉をあまり深く考えずに使ってきましたが、辞書で引いてみると、「育って大きくなること。大人になること」とありました。かつて、私が心理臨床の実践の中でお世話になった先生も**「大人かどうか」**ということを、とても大切にしていたことを思い出します。

改めて、大人ってなんだと思う人もいるでしょうから、そちらも辞書を引いてみると、「十分に成長した人」「考え方・態度が老成《ろうせい》しているさま。分別のあるさま」とあります。小さな子どもでも、「大人のようだね」ということもあれば、明らかに年齢がいっているのに「この人は子どもだな」と感じることもあります。

かつて、私の先生が言っていた大人とは、**自分の感情や感覚を大切にしつつも、人やその場に配慮して尊重しながら適切な行動を選べること**――だったのかもしれません。

エリクソンの提唱した「心理社会的発達理論」

アメリカの発達心理学者、エリク・H・エリクソンは心理社会的発達理論を提唱しています。この理論では人の一生は7頁の表のように8つの段階に分けられ、各段階において社会的に成長するに伴って課される課題が示されています。

それらの課題がクリア（克服）されるにつれ、成長する中でさまざまな力を身に付けていく一方、クリアできない場合に陥りやすい状態とは何かを教えてくれたのです（発達課題と心理社会的危機）。

エリクソンの発達理論は老年まで続きます。発表当時は65歳以上を老年期としていました（この時期は現代にするとまだ初老期になりますね）。

　エリクソン自身も自らが年を重ねた後に、老年期ももっと細分化されて変化が進むと、理論を進化させ続けました。エリクソンは「大人」という言葉を用いずに、**人は年を重ねるにつれて社会から期待されるものが変わり、それに応えて成長し続けていく存在なのだ**と述べているのです。大人になったから成長が止まるのではないのです。

　そして、与えられた課題の乗り越え方は、その後のその人のあり方にも影響します。身体は時間とともに大きくなります。ただ、エリクソンの発達理論は時間とともに自然に発達するようなものではなく、**「課された課題をどのようにクリアしていますか？」**と問い続けているのです。

　ここまで読んで、「自分は過去の課題をクリアしていないのでは」と不安になる人がいるかもしれませんが大丈夫です。**過去にクリアできなかった課題は、その人のその後の行動パターンに影響し続けますが、それを変えようとする取り組みにより、後からでもクリアできます。**私たちは成長し続けられるのです。

エリクソンの発達理論

発達段階 年齢（目安）	乳児期 0～1歳半	幼児期前期 1歳半～3歳	幼児期後期 3～6歳	学童期 6～13歳	青年期 13～28歳	成人期 23～40歳	壮年期 40～65歳	老年期 60代後半～
発達課題と心理社会的危機	基本的信頼 不信	自律性 恥・疑惑	積極性・自発性 罪悪感	勤勉性 劣等感	アイデンティティの確立 役割の混乱	親密性 孤独	世代性 停滞	自我の統合 絶望
人格的活力（得られる力）	希望	意志	目的	有能感	忠誠	愛	世話	英知
特徴	お世話されることで、生まれ出たこの世界を「よいところ」だと感じ、自他に対する肯定的な感覚を持ち始めます。	いろいろと取り組み始め、他者からの賞賛を後押しに「できる」感を強め、自分で取り組みたいという欲求を持ち始めます。	「ああするとこうなる」と考えて、その目標に向かって行動を進めていきます。その過程では現実を理解し始めます。	思考や行動を続けることで長期的な目標にたどり着くことを体験し、自分の「できる」感をより高度なものにし始めます。	いろいろな体験を重ね、人と出会い「自分は何者か」「どのような価値観を持つか」「将来の方向」などを考えて定めようとします。	自らの社会的な立場を土台として、新しく長期にわたる人との親密な関係を築き始めます。	仕事や家庭、社会的な活動を通じて社会に能動的に関わり、社会の維持発展に貢献し、次世代を育成し始めます。	今までの人生を踏まえ、それまでの課題を統合的に深化させて柔軟性を獲得し、知恵を活かして深い世界を体現し始めます。

※年齢や期間は個人差が大きく、その幅が特に大きいところではこの表でも重複する期間を設けています

「成長し続ける」と聞くと、プレッシャーを感じる人もいるかもしれません。「学び続けることができる」という言葉の方が受け入れやすい人もいるでしょうが、同じことです。

『嫌われる勇気　自己啓発の源流「アドラー」の教え』（岸見一郎・古賀史健著、ダイヤモンド社刊）で注目を集めたオーストリアの精神科医、アルフレッド・アドラーも、さまざまに示される課題を明らかにして、それをクリアしていくことで人間社会で生きる共同体感覚を高め続けていけると提唱しています。

アドラーは家庭・地域・職場などの中で、自分はその一員であるという感覚を持っている状態を共同体感覚と呼び、そのためには「他者信頼」「自己信頼」「所属感」が必要と述べています。これはエリクソンが着目した心理社会という視点とも重なるところがあるようです。

アドラーもエリクソンも、人は一人では生きていけない存在であり、人や社会も変化し続ける中で、関係を調整する能力を高め続けることが必要だと考えていたように思われます。

私たちは死ぬまで（まだ死んだ先はわからないので）さまざまな経験を重ねるのですから、その経験から学びを深めていくことができます。体験を学びにするかどうかはさておき、少なくともそのチャンスはいつも目の前に示されているのです。

たくさんの経験が重ねられ、それが磨かれて、人の知恵ともなっています。私が携わってきた臨床心理学という比較的に新しい研究領域でも、経験に基づく知識が整理され、考察が深められ、学問として磨き上げられてきています。

経験も**「ただいろんなことをした」**というだけでは思い出にはなりますが、そこから何かを導き出したり、身に付けたりすることにはつながりません。

感情の裏に隠れた課題

体験はなんらかの感情を伴います。私は以前、『7つの感情 知るだけでラクになる』（モラロジー道徳教育財団刊）で感情は自分の状態・状況を教えてくれるアラームだとして、さまざまな感情の機能とその付き合い方について詳しく述べました。

感情は、その体験に対する意味づけや情緒的な受け止め方がどのようなものであるかを教えてくれます。さまざまな感情を丁寧に観察できるようになり、その裏に示されている課題を適切に見出していくことで、私たちは成長を促進することができます。

怖い体験をしたから、同じような状況を避けるというのはひとつの学習です。楽しかったから、また同じようなことをしたくなるのも同様に学習です。**ただ、「特定の状況を避け続ける」というパターンにはまってしまうと新しい体験ができなくなったり、周囲からの要求に応えられなくなりかねません。ある意味、そこで成長が止まってしまうのです。**むやみに危険なことに挑戦するのをお勧めするわけではありませんが、じっくりと考え、準備して、振り返りながら広げていける世界があるのです。

子どもは考える力を付けつつ、感情との付き合い方の練習を日々重ねています。それに比べて大人は、仕事や家族の中で問題に向き合うときなど、頭で考えてなんとかしようとすることが多いものです。大人は子どもよりも理性を使う技術が優れている場合が多いのです。

大人は感情に耐えることができますが、無理やり抑えつけることも学んでいます。

理性と情緒を車の両輪のようにうまく活用できればいいのですが、なかなか難しいのが現実ではあります。

学校における学び、それ自体は大切なものですが、人生における学びはもっと広く、豊かなものです。本来の学校は大人になるために人生の中でどのような体験を重ねる必要があるのかを示し、その基となる訓練を行う場であったような気がします。今は受験などで知識を得ることに多少偏ってしまっているように感じますが、頭の使い方の訓練というように考えて、その良い面と課題の両方を押さえておいた方がいいのかもしれません。

私は心理カウンセリングの中で、いろいろな人の話を聞かせてもらってきました。相談に来られた方々から体験を聞き、**その人の現在のあり方が明らかになるにつれ、「本当になりたい自分」との不一致感も浮かび上がっていきます。**

そして、取り組みの過程では過去からの課題を見つけたり、考え方、行動の仕方などを修正したりしていくことで、納得できる自分のあり方、生き方を選び取れるようにお手伝いをしていくのです。

スタジオジブリによる同名の映画で改めて注目された名著『君たちはどう生きるか』（吉野源三郎著）のことを耳にした人もいるでしょう。１９３７（昭和12）年初版の本ですが、お父さんを3年前に亡くした中学2年生、「コペル君」こと本田潤一君が、日常生活で直面するさまざまな問題を通して、生き方を考え、成長していく物語です。

日々の体験はうれしいこともあれば、そうでないこともたくさんあります。仕事や勉強に楽しみを見出せることもあれば、苦しみの中に突き落とされることもあります。残念ながら問題はなくなりません。問題をなくすのではなく、「コペル君」のように、問題をちゃんと見つめられるようになること、その問題に対して自分なりの解を持てるように取り組むことが大切なのです。

カウンセリングルームからカフェへ

すでに述べてきたように、私は臨床心理士として精神疾患やさまざまな苦しみからどのように回復できるのかという相談者の要請に応えようと、学びと実践を重ねてきました。最近は明確な苦しみを抱えている人に加え、**「自分はどう生きていけばいいのかな」「なんでこう考えてしまうんだろう」などといった〝漠然とした問い〟を持つ人が増えているように感じます。**

誰にも話せないような深刻な悩みではなくても、みんなそれぞれになんらかの生きづらさを感じながら生きています。それ自体はおかしなことではありません。その悩みの一部は人生に問われている課題なのかもしれません。

それらの課題に遭遇したときは、新しい世界へと歩みを進められるか、今までのパターンにとらわれるのか、どのような選択をするのかが、その後の自分につながっていくのです。

余裕を持って状況を見つめる力を持てていないと、自分の性格傾向（これ自体もパターンですね）にとらわれ、自分をうまくコントロールできなくなることがあります。自分がいる状況の中で混乱し、**「自分がわからない」**という状態に陥ってしまうのです。

アメリカでは心理カウンセリングやセラピーに対する保険の適用があるなど、よりハードルが低く利用できるような環境があります。一方、日本ではカウンセリングを受けること自体を「ハードルが高い」と感じる人が多いようです。私としてはもう少し気軽に話したり、相談できるようになってほしいと思っています。**ですから、この本の中ではカウンセリングルームではなく、カフェを舞台にしてみました。**

お話の中で、私はカフェのマスターとしてカフェの内外をふらふらしながら、たまに「よろず相談」をやっているという設定です。カフェを中心とする舞台で、たまたま出会った人々の変化や成長を見つめていきます。

この本では、「自分の近くにもいるかもしれない」と感じるような7人に登場してもらいます。「もしかして自分のこと？」と感じる人もいるかもしれません。具体的な誰かについて書いているわけではなく、私がこれまで会ってきた人のいろんな要素を交ぜ合わせた架空の人物です。

７人の概略は16頁と17頁に示しました。「私は合っている」を強調する人、「なんとかしてほしい」と感情を強く訴える人、ひたすら相手に合わせる人、正確さを求めて検索をやめられない人、コスパやタイパが最優先の人、精神的に引きこもり人との深いつながりを避ける人、「傷つきたくない、もう十分苦しいから」と心を開くのが難しい人――などです。

カフェで出会った人たちは、皆さん大人と言われる年齢です。そして、読者の皆さんと同様にさまざまな悩みを抱えています。それぞれの悩みをエリクソンの発達段階を参照しながら、人生が私たちに問うている課題として整理しました。

7人の登場人物について

この本に登場する7人を紹介します。
それぞれの人が持ち合わせたパターンや
特徴により、表れやすい感情や
大切だと思うこと（参照する軸）は異なり
自分自身に抱くセルフイメージと
他者に対するスタンスに

第1章

みんな
わかるよね？

p.25

正しさから自由になれない
私は合っているさん

- 表れやすい感情：怒り
- 軸：自分
- セルフイメージ：私は正しい
- 他者へのスタンス：見下す

石橋は「大丈夫なはず」と叩かない

第2章

なんとか
して！

p.49

感情を持て余した
わかってほしいさん

- 表れやすい感情：すべての感情
- 軸：自分
- セルフイメージ：よくわからない
- 他者へのスタンス：私を落ち着かせろ（欲求）

石橋をおぶって
渡してくれる人を呼んでいる

第3章

あなたに
合わせます

p.73

他人からの評価が頼り
これでいいのかな？さん

- 表れやすい感情：不安・恥
- 軸：他者
- セルフイメージ：私は未熟
- 他者へのスタンス：教えてちょうだい（欲求）

石橋を叩きながら「これ大丈夫？」と人に聞く

第 **7** 章

気持ちが
休まらない

p.165

誰のことも信じられない

いつも力が抜けないさん

- 表れやすい感情：不信感
- 軸：なし（そのときどきで変化）
- セルフイメージ：自分が嫌い
- 他者へのスタンス：信じられない

石橋を信用せず
橋の下を無理やり進もうとする

第 **6** 章

ひとりで
だいじょうぶ

p.143

つながりを諦めた

どうせ最後はひとりさん

- 表れやすい感情：無力感
- 軸：自分
- セルフイメージ：もう無理
- 他者へのスタンス：煩わしい

石橋自体を渡らない
（向こうに行っても仕方ない）

第 **5** 章

結果を
出したい

p.121

効率にとらわれた

コスパ・タイパ至上主義さん

- 表れやすい感情：焦り
- 軸：自分
- セルフイメージ：
役に立たないといけない
- 他者へのスタンス：
基本無視、役に立つのか？

石橋に気が付かずに進む

第 **4** 章

間違い
たくない

p.97

正解を求めてさまよう

自分を検索中さん

- 表れやすい感情：劣等感
- 軸：他者
- セルフイメージ：
自信がない（教えて、助けて）
- 他者へのスタンス：
OKと言ってほしい（欲求）

ひたすら石橋を叩き続けている

相互に影響を与え合っています。
自己認識と外から見られる姿には
しばしばズレがあるものです。
人にはさまざまな側面がありますが
一部でも「ここは自分に当てはまる」があれば
その章を参考にしてみてください。

この本の読み方

この本では、皆さんが気になる人物の章から読み進めてもらって構いません。
今現在、周囲にそういう人がいて、どう接すればいいのかと考えている場合もあるかもしれません。

それぞれの章の前半は、カフェのマスターである「私」が出会った人々とのやり取りを中心に、**その人物が持つ考え方や行動のクセ（パターン）、はたまた問題（課題）の正体について検討しています。**パターンが色濃く出ている部分にはマーカーを引きました。
後半は、**その人物の課題をエリクソンの発達段階を踏まえつつ、よくあるテーマに落とし込んで考察しています。**

章の最後では、自分がそのようなパターンにはまっていると感じる人に向けた**「抜け出し方」**をまとめました。周囲にそのような特性を持った人がいる場合の考え方についても書いてありますので、合わせて参考にしてください。

街に出るといろんな人がいます。

街角のカフェでは、楽しそうに笑っているカップルもあれば、少し剣呑《けんのん》な雰囲気が漂う二人組もいます。一人でスマホをいじり続けている人、カップルだけどそれぞれスマホをいじりながら、ときどきボソッと言葉を交わしているように見える人たちもいます。

席に着くや否やすぐにパソコンを開き、何か仕事を始める人もいれば、そこでの出会いを楽しみに、ちょっとした茶話会のような時間になることもあります。

ゆったりとした雰囲気を漂わせる人がいれば、余裕がなさそうな人もいます。そして多くの人たちは、そんな自分の状態を意識しているわけではなさそうです。

人は〝成長〟します。これから皆さんに紹介する7人は、それぞれ私たちが自ら理解し、乗り越えていかなければならない課題とその取り組みの先に見出すものを教えてくれるでしょう。

さて、少しカフェに入ってみましょう。

目次

第7章

自分も他人も信頼できない

第1章

正しさから抜け出せない

「私、合ってますよね？」

「ちょっと、よろしいでしょうか？」

「もちろん」と応えながら、20代後半と思われる男性の真っすぐな目線に少し緊張しました。私がマスターを務めるカフェでは、入り口の外に「よろず相談 お話なんでもどうぞ」という手書きのメッセージを置いています。

それほど混むことはないカフェですから、コーヒーを入れたり注文を取ったりする合間に、カフェを訪れたお客さんの話を聞かせてもらっているのです。男性はその評判を聞いて来店してくれたようです。

その男性、千葉さんが話すところでは、最近仕事で新しいプロジェクトの担当を任されたそうです。誰もが知っている上場企業に勤め、順調にキャリアを積んできた人のように見えます。会社からの期待も感じ、意気込んで取りかかったところ、ひと月

もしないうちに上司から呼び出されたと言います。

「ある製品の開発と販売戦略に関して、いろいろと調べた上でこれが一番いいと思われるものを会議で発表したんです。賛同してくれる人もいて、私もそれがゴールになってもいいと思っていたんですが、どうも上司が認めてくれなくて」

　結局その日は決定できず、上司からはプロジェクト内の意見のまとめ方について、「言ってることはわかるんだけどね、**少し強引で見落としがあるように感じるよ**」と注意を受けた、とのこと。

「あなたは強引だ、とはっきり言われたんですか？」と聞くと、

「いえ、**皆の意見をうまく汲めていない**といったようなことだったような」

「なるほどね。その上司に対してはどう伝えたんですか？」

「改めて私が言わんとすることを説明したんですけど、**なかなかわかってくれなくて**。まあ、うまくやってくれよ、と言われて終わってしまって……」

　そのときのことを振り返りながら、千葉さんはイライラした気持ちを思い出したよ

うです。「理解してもらえないというのは悩ましいですよね」とねぎらいつつも、私としては少し視野の狭さを感じていました。

誰でも余裕がなくなってくると、視野が狭くなるのは自然なことです。千葉さんは**「私は合っているのに、相手はなぜそれをすぐに認めないんだろう」**と感じているようです。心の中で憤然としながらも、その感情を抑えているようにも見えました。

千葉さんと話していると、**「私、合ってますよね？」「ふつう○○じゃないですか」**という言葉がよく出てきます。

「勉強も運動もそれなりにできた」という子ども時代を経て、いわゆる優等生タイプとしてやってきた千葉さんは、世間一般でいう魅力的な男性です。成果のための努力を惜しまず、エネルギッシュで決断力があり、**「やるべきことをやってきた」**という自負がありますが、同時にある種の硬さも持っているようでした。

「自分は正しい」という考えは、他の考えを「間違った考え」として、それを排除しようという思考につながりがちです。「こうあるべき」という思考や白黒的な決めつけとも結びつきやすく、それが強すぎると生きづらくなることが多いのです。

「少し余裕がなくなっているように思いますけど。心当たりはありますか？」

「実はときどき、妻からも似たようなことを言われるんです。『**あなたが言うことはわかるけど、ついていけないことがある**』とかなんとか」

「ご自身ではどんなふうに感じているんですか？」

「私は主張もするけれど、一応相手の気持ちも考えていますし、**人に無理難題を押しつけているつもりはない**んですけどね」

「もしかして千葉さんは、これまでの人生である程度うまくやってきたというか、あまり大きな失敗や挫折なんかはありませんでしたか？」

「確かに、大きな失敗というのはなかったかもしれません。どちらかと言うと自分はついている方だとは思うんです。でも、そのための努力はしてきたつもりです」

千葉さんは、「もう少し自分について考えてみたい」と言って帰っていきました。

失敗との距離間について

その後、2か月ほどしてまた千葉さんとお話しするタイミングがありました。

「前に失敗について質問されましたよね。失敗がどういうことなのか、あの後、しばらく考えていたんです」

千葉さんいわく、**失敗は避けるべきこと**であり、避けられないときには受け入れるしかないが「失敗を受け入れる」とはどういうことなのか、いまいちわからないと言います。

「もしかして、**〝自分は合っている〟と考えること自体にとらわれている**のでしょうか。でも、プロジェクトの件などは、最終的には私が提案したことが大体のところ採用されているんです。そこはしつこく主張してよかったと思うんです」

「それは千葉さんの頑張りが認められた、ということですよね」

「そうなんですが、残念ながら評価はいまひとつな感じがするんです。**自分が想定していたほどではない**というか……」

「もしかすると、今の千葉さんは**〝これは良い〟というアイデアを絶対に推し進めよ**

うと力んでしまっているような状態ではないでしょうか。それにとらわれなくても、また新しいアイデアが湧いてくるはずですよ。その仕事だって、後になってからゴーサインが出たことのメリットもあったんじゃないですか？」

「はぁ、まぁそうですね。確かにいくつか他の人が言った提案も組み込めました。でも、自分がやったぞというか、変な言葉で恐縮ですが**〝勝ったぞ〟という感じは持てませんね**。どうもそこが引っかかるんです」

千葉さんは、「勝ち負けにあまりこだわりたくはないんだけれど……」と言いつつも、何かその辺りにこだわりがあるようでした。その後、千葉さんとはときどきカフェで話したり、メールをいただいたりしました。

「負けること」と「受け入れること」

「こんにちは、お久しぶりです。覚えてますでしょうか？」

「お久しぶりです、お元気そうですね」

最初にお話ししてから何年くらいたったでしょうか。千葉さんが数年ぶりにカフェにやって来られました。ずいぶんと雰囲気が変わり、口調からは穏やかな落ち着きが感じられます。

いろいろな体験を経て、現在は会社の仕事を淡々とこなしつつ、ゆっくりと自分を振り返る時間を持つようにしてきたとのこと。そんな生活は対人関係にも変化を及ぼしたようです。

「前は**受け入れることを〝負けること〟と感じていた**のかなと思うんですよね」

奥さんとも、以前より率直に話ができるように感じ、「自分も大切にされていると思うし、相手のことを大切にしようと心がけることもうれしい」と少し照れたような表情で教えてくれました。

課題を掘り下げて考える

正しさから自由になれない

私は合っているさん

千葉さんが持つ、「私、合っているのに」という気持ちは理解できるという人もいるでしょう。裏付けとなる頑張りもある一方、他者の声をうまく拾い、集約できない姿勢は人間関係でギクシャクとしたわだかまりを残すかもしれません。優秀であっても人との協調がうまくできないと、正しいことをやっているのに批判されて終わるような残念な結果になります。

理想を追求するのは悪いことではない

理想に向かって取り組むのは大切なことですね。千葉さんは**「自分ならその理想を**

実現できる」という感覚を強く持っていたようです。**万能感とまでは言いませんが、それに近いものだと考えていいでしょう。**若さゆえの情熱と言ってしまえばそれまでかもしれませんが、もう少し掘り下げてみたいと思います。本書は発達・成長という視点を意識していますから、そのような視点でも書いていきましょう。

小さい子どもが、何かを「できる」と感じて自ら行動する。それが「ちゃんとできた」という体験を重ねることは、自らのコントロール感を獲得する大切な一歩です。目指したことを「できない」と感じると、どうしたらいいのかわからず混乱するでしょう。そのような「できない感」や「恥ずかしい感覚」に適切に耐え、次の行動へと進もうと切り替えることが大切です。

若い間はできること、できないことについて、**ちょっとやりすぎるぐらいの体験を持つことで、それが後に成長するに従い、微妙なバランスや深まりを持てるようになっていく面もあります。**

最初からバランスを考えすぎて、何かをとことん追求することをしない、という態度が強まるとおもしろくありません。失敗は恥ずかしいものですが、多少の行きすぎを体験しながら、周囲にちゃんと支援してくれる成熟した大人（成人という意味ではないですよ）がいれば、次第に〝ほどほど〟を身に付けていけるのです。

「正しいこと」は誰もが評価するはず？

自分が「正しい」と思われること、「合っている」と思えることを人に伝えたところで、いつも相手から適切な評価がもらえるわけではありません。自分の取り組みは認められるはず、と思っているにもかかわらず、思ったほどに認められない状況は、がっかりしたり、いら立ったりするものです。

小さな子ども時代に、できたことをちゃんと認められ、褒められた体験はその後の「頑張ろうとする気持ち」の土台になります。

テストで良い点を取ったときに先生や親から褒められた体験を持つ人もいるかと思います。きっとうれしい思い出ですよね。そうした人から褒められる体験は、子どもに限らず大人にとっても、**「自分は次もできるかも」**とチャレンジする気持ちを後押ししてくれます。

一方、テストで90点を取っても「百点取れなかったんだ、バカだね」などと言われてきたり、そもそも関心を持ってもらえなかったなど、褒められた経験が少ない人の話を聞くことがあります。そのように適切に認められ、褒められる体験がないと、「頑張ってもムダだ」と思うようになってしまいます。

千葉さんは、しっかり「自分で頑張る力」を持っていましたね。子ども時代に認められた体験を持てていたのでしょう。それで仕事でも同様に認められ、褒めてもらえるものと思っていたのかもしれません。

大人になると、子ども時代のように他者から手放しで褒めてはもらえませんから、その分、自分で自分を認められるようになることが必要です。

自分を褒めてくれる人に近くにいてもらうのも、ひとつの選択肢にはなりますが、イエスマンだけを配置することがないように注意したいですね。内省する力がないと、先にも述べた「私が合っている」の自己中心的な理想論から離れられません。

十分に褒められた体験を持ち、温まっている心には、時に厳しい指導があっても成長につながる刺激になるのです。

「こうあるべき」の同調圧力

「これが正解だ」という意見を主張しているようなとき、すぐに同意してくれない人との間で摩擦が起きがちになります。

千葉さんもプロジェクトの方向性を示す際に同じような体験をしていました。このような状況下で強引に進めようとする態度は、**「(私の考えが)合っているはず」「ふつうは○○だ」**という硬い考えで物事を見て、相手に同調圧力をかけてしまうことになります。

それが、いつの間にか勝ち負けの戦いへと変化して、勝ち／負けとか、正しい／間違っている、などといった対立構造にはまってしまうこと自体、生きづらさにつながります。

いつも勝ち続けている人なんていません。もしそのような人がいても、誰かを負かし続けている中で恨みを買うこともあるでしょう。

負けたときや失敗をしたときに、恥ずかしさを感じることがありますね。「恥ずかしい」という感情はとても大切なものですが、そこから自分を責めるような罪悪感へと進んでしまう人は少なくありません。ただ、私は「恥ずかしい」という感情を表現できることは、「自分にはかなわないことがある」という健康な謙虚さというか畏敬《いけい》の念のような、相互尊重といった階層へと深めていくステップのひとつだと考えています。

恥ずかしさは、自らの足元をちゃんと見て、周りを尊重し、お互いの関係を整えるために役立つ感情です。恥ずかしさから自責に進み、自己否定に陥ってしまう人が本当に多いので、そこは気を付けたいところですね。

感情については私の前著『7つの感情』で怒りや不安など、それぞれの感情の機能、感情との付き合い方などの例を含めて書かせていただいたので、この本での説明は少しだけにしておきます。

赤ちゃんから少しずつ成長していく過程で、人は最初に「快」「不快」を頼りに動き始めます。これを快感原則と呼びます。そして次第に快感原則のみならず、その場に適したルールに従わなくてはならない、という場面に出合っていきます。これは現実原則を獲得していくステップであり、2章で触れる幼児期後期の課題です。

千葉さんは努力を惜しまない人でした。そして、社会が求める態度を自分が身に付けている、つまり、自らの立ち位置を**「(私は)合っている」**と認識していました。

人は基本的に同時に複数の思考や感情に意識を向けることはできません。「私が正しい」という思考に強く意識がとらわれているとき、自分や人の気持ちに意識を向けるのは難しくなりがちです。理屈っぽい人は感情に意識を向けるのが苦手なのです。

そして、「私が正しい」という甘美な考えにとらわれてしまうと、知らず知らず(本人にそのつもりはなくても)相手を下に見てしまい、結果として相手からは「上から目線だ」と感じさせる心の構えにつながってしまうのです。

人の話に耳を傾けることが苦手な人

「シナジー効果」という言葉を聞いたことはありますか？　相乗効果とも呼ばれ、一人で行うよりも複数の人たちが協力することで大きな成果を生み出すことです。一人で「正しい」と思われるところにいても、成果は小さいことがあるのです。

正しさそのものも、時代と状況によって変化します。「自分が正しい」と考えているときには、自らを俯瞰《ふかん》して見る力が弱まりがちです。**「正しい」と考えて物事を進めているとき、人の意見に耳を傾ける力が弱まるのは自然なことなのです。**

幼児期前期、3歳にも満たない小さい子どもが、何も考えずというか、「こうするとまずいから少しやりすぎないようにしよう」などと考えず、やみくもに行動するのは自然なことです。そこから成長するに従い、不安というブレーキを獲得していくのです。

人は、「自分は正しいだろうか？」と不安になるときに人の意見を求めるものです。それだけではなく、より大きな成果を目指して人と協働するというのは、大人の姿勢でもありますよね。

感情は自分の状態を知らせてくれるアラームであり、さまざまなアラームを適切に聞き分けられるようになるほど、自分や人の状態に気付けるようになるものです。それらの感情を丁寧にたどれるようになると、心の深い世界の様子を感じられるようになります。

自信があるのは良いことです。子どもが根拠なく自信を持てるのは、他者からの承認によって温められた心の表れです。

大人になると、次第に根拠がある自信も持てるようになります。先ほどの千葉さんは、実際に頑張ってきたことで自信を深めてきたのでしょう。ただ、その一部は子どものままにとどまっていたところがあったのかもしれませんね。

From エリクソン

周囲の後押しで育つ「自分はできる」感

千葉さんの話をエリクソンの発達段階に当てはめてみると、幼児期前期のテーマとして考えることができると思います。

現実的には幼児期後期も視野に入れたいところですが、人の成長ステップはきれいに区分されるというよりも、前後したり、繰り返したりしながら一歩ずつ進むので、ここではあえてできるだけ前期に寄せて考えてみます。

登場人物は大人なのに、なぜ幼児期の課題が出てくるのか？と思う読者も多いかもしれません。私は、人は以前からの課題をより成熟した形でクリア（克服）していくことができるようになるにつれて、どこまでも人間として成長を深められる、また深めていくことに興味を持つまれな生物だと考えています。

この本では、エリクソンの発達段階を参照しながら人の成長について解説していくことで、皆さんの現在の立ち位置と過去の振り返りがしやすくなるのでは、と考えて書かせていただいたので、参考になるところがあればうれしいです。

私自身、大人になっても「あの行動は子どもっぽかったな」と思うことがたくさんあります。現在を見つめ、次に向けた改善を考えつつ、過去の自分とのつながりを振り返りながら自己理解を深めている気がしています。自己理解や人間理解が深まるにつれ、他者理解が深まっていく気もしています。

小さい子どもは、物事の良し悪しもよくわからないまま、さまざまなことに取り組みます。エリクソンは3歳頃までの幼児期前期にいろいろな興味関心に応じて取り組みを始め、そのことを周囲から応援され認められることで、さらに取り組みを進めていこうとする「自律性」が育つと指摘しています。

なんとなく始めてみた行動に対して後押しが感じられることで、**「やってみよう」**という「意志」も育つのです。

一方、後押しが感じられず、取り組みを否定されたように感じると、**「やっていいのかな？」**と疑心暗鬼（エリクソンは疑惑と呼びました）になったり、**「私にはできないんだ」**と考えるようになり、自発的な行動が減っていくのです。

この「私にはできない」という感覚もまた「恥ずかしい」という感情だと言われています。一般的に恥ずかしいという感情は、「恥ずかしいことをしてしまった」というような文脈で使われますから、このような説明に少し違和感を覚える人もいるかもしれません。

「恥ずかしい」という気持ちは適度な自己抑制につながっています。ただ、抑制が強すぎたり、その状況に対する承認がなく否定ばかり与えられ続けたりすると、自己否定に陥ってしまうことは避けられませんので注意が必要ですね。

幼児期前期は言語の急速な発達に伴い、言葉を使ったコミュニケーションを身に付ける期間でもあります。言葉を持つことで意志も明確になっていき、**「いろいろとチャ**

レンジしたい」という気持ちへとつながります。最初は身近な人たちからの賞賛などをきっかけに「できる」感が育ち、それが自律感へとつながっていくのです。

一方、先にも書いたように、チャレンジしたことが失敗し、否定される体験を重ねると、自分に対する「できない」という恥の感覚や他者に対する不快感、「信じられない」という感覚を強く持つようになってしまいます。

クリアできなくても人生が決まるわけではない

この章では、カフェで出会った千葉さんとのやり取りから、その特徴を幼児期前期と重ねながら解説してきました。

千葉さんは幼児期前期の課題をある意味では乗り越えて、「自分はできる」感を強く持っていました。ただ、その自律感が強すぎて理性に偏り、**自分のみならず周囲や社会をもコントロールできる、と感じていたところがあったのかもしれません。**

その当時の養育者との関係や生まれ持った気質などにより、課題の乗り越え方は変わるものです。

過去に乗り越えた課題も、その後の年代に合わせて適切に調整することが必要です。幼少時には優秀さを示したとしても、他者との関係を深めていく成人期の課題に出合う中で、それまでの課題の乗り越え方のアンバランスさが見えてくることもあるでしょう。

人生が私たちの前に示す課題について、正しいクリアの方法というものはありません。課題は形を変えて、絶えず新しいチャレンジを求めてくるのです。過去にクリアできていないから、それで人生が決まってしまうということはないのです。

次章以降も同様ですが、ここに書いてある内容は幼児期などのことだから、今の自分には関係ないと考えてしまわずに、一つひとつ当てはめながら自分を確かめてみてください。いろいろと発見があると思いますよ。

こうしてみよう！

［私は合っているさん］の

抜け出し方

自分の考えに固執せず手放すからこそ得られるものも

手放すことは決してマイナスではありません。個人から生まれたアイデアであっても、人との共有でさらに磨かれ、より良いものとなることが多いようです。

それぞれの正しさがあり正解は“無限”にあると知る

自分そして相手の“いいところ”を認めていきましょう。それぞれに正解があると考えれば、ゆったりとした気持ちになって物事がうまく回ります。

まわりに

［私は合っているさん］がいる人へ

「あなたとは違う」と主張した方がいいことも

相手との関係性（上下関係など）で対応は変わりますが「こちらの意見を聞かずに押し通すなら、その部分は別行動かな」という線引きも必要です。

あれも合ってる
これも合ってる

第 **2** 章

感情の
コントロールが
できない

「私は大変なんだ」

ある昼すぎ、カフェの人が少なくなるタイミングを狙ったかのようにいらして、真剣な顔で話しかけてきた女性は山口さんです。以前は娘さんとよく一緒に来ていましたが、最近は一人のことが多いようです。明るいムードメーカーで、カフェでも「最近どうですか？」などと気軽に声をかけ合う関係でした。

「いつも一緒に来ていた娘がいましたでしょう。最近、勝手なことばかりやるようになって心配なんですよ」

「いったいどうされたんですか？」

「私、ちょっと体調を崩してしまって、しばらく寝込んでいたんです。それなのに娘は家に寄りつきもしなくって。仕事だから仕方ないのかもしれませんけれど、もっと

優しい子だと思っていたのに……」

病気からの回復をねぎらいつつ状況を聞いていくと、数年前に大学を卒業して働きに出た娘さんは、転職したところで忙しくしているとのこと。一方の山口さんは少し前に内臓の検査でポリープが見つかり、手術で除去したとのこと。

それで少し気が弱り、娘さんにいろいろと助けてもらいたかったけれど、手術の日こそ病院に一緒に来てくれたものの、後は「大丈夫そうだね」と言って仕事ばかりで、家のことも山口さんの手伝いなどもしてくれないそうです。

娘さんへの不満を訴える山口さんですが、かつてのカフェでの2人の姿を思い出すと、おしゃべりな山口さんにおとなしい娘さんが付き従うという雰囲気で、娘さんはいつもニコニコと母の話をうなずきながら聞いているように見えました。

「転職して気も張っていることでしょうから、娘さんも大変なんですね」と言うと、**「私の方がよっぽど大変ですけどね」とかぶせるように強調**してきます。「大したことないとお医者さんにも言われたんですけど、それでも不安になりますよ。これは体験した人でないとわからないと思います」と、「あなたにもわからないでしょう」とでも言いたげです。

改めて話を聞いてみると、娘さんはそれほど勝手なことをしているようには思えないものの、山口さんとしては**大変な自分に寄り添ってほしい**のに、**それをしてくれない娘には問題がある**と考えているようです。それがご自身のいら立ちを増しているようにも感じられました。

大変なときには共感してわかってくれる人が近くにいると、本当に心強いものです。ただ、娘さんも転職したばかりで、それなりに頑張らなくてはならないようですから、お互いに大変な状況とも言えそうです。

「山口さんは娘さんに、大変だからもうちょっと手伝ってほしい、とは伝えているんですか？」と聞くと、

「いいえ、**そんなことはよくわかっているはず**なんです。昨晩も夜遅く帰ってきて、

自分のことだけやって寝ようとするもんだから、『ちゃんと家のこともしなさい！』と怒ったんです」

「あらあら、ひと騒動だったんですね」

「本当にあの子はすっかり仕事ばかりで、**私のことなんて心配もしていないんだから**」

「まあまあ、山口さんも大変なんでしょうが、娘さんも新しい職場で疲れていたんでしょうし、もともと仲良くしておられるんだから、落ち着いたらまた一緒にいらしてくださいね」

もうひとつの言い分

山口さんと話した数日後、今度は娘さんが一人でやって来ました。

「すみません、娘の美恵です。先日は母の話を聞いていただいたようで……」

「いえいえ、なかなか大変そうでしたね。お仕事が変わって、いろいろと頑張っておられるようだと聞きましたよ」

「それなんですけれど、母は転職にあまり賛成ではなかったようで、体のこともあって落ち着かないみたいなんです」

「なんだかそのようですね」

「体はもう大丈夫なはずなんですが、**気持ちの揺れが激しくて、こちらに当たってくるみたいな状態**が続いていて。私も昔は母の言うことを聞かないといけないって思い込んでいたんですけれど、今はそうも思えなくなっていて」

「美恵さんも大人として経験を積まれているようだし、今さら親離れというのも変かもしれませんが、お互いに少し離れてもいいタイミングかもしれませんね」

「彼にもそう言われるんです。でも、母はそれも気に入らないようで『マスターに話を聞いてもらったんだから！』と、**まるで私が悪いせいでそうなった**みたいなことを言っていたので、ご迷惑をおかけしたのではないかと思って」

「いえいえ、こちらはお気になさらず」

美恵さんはお母さんと距離を置こうとしつつも、放ってはおけないようです。

先日、「今は忙しいから、そこまでお母さんの相手はできない。自分のことはできるだけ自分でやって」と言ったら、山口さんが**「親に向かってなんてことを言うんだ！」と泣いて怒っていた**とのこと。

山口さんの激しい反応に、美恵さん自身もどうしたらいいのか困惑して、自分が悪いのかと思ったり、交際相手に言われたことを考えたり……と心が揺れているようでした。

まずは美恵さん自身、今は自分のことを優先するのが大切であると確認して、気持ちの揺れはあるけれど、それぞれ別の人間としてお互いを尊重するような関係に進んでいけるといいですね、という話をして終わりました。

その後、山口さんはときおり私が暇そうにしていると話しにやってきます。美恵さんとは少しずつ距離ができており、それに対していら立ったり寂しかったりしつつも、徐々に「仕方ないのかな」と受け入れ始めたようです。

感情を持て余した
わかってほしいさん

山口さんの「娘にはわかってほしい」という気持ちを理解できるという人もいるでしょう。一方、大人になった娘の状況や想いを理解しようとする姿勢を持たず、一方的に自分を安心させたり満足させたりするための関係を求めるのは、親子とはいえ支配関係のように感じられ、こじれていく可能性があります。

最近は「毒親《どくおや》」なんて言葉を耳にすることもあります。状況が悪化すれば、山口さんもそのように思われてしまうかもしれません。

山口さんの大変さと、娘さんの大変さは「どちらが大変か」なんて比べても意味がありませんね。お互いに相手を理解しつつ、自分のことも理解してくれたらうれしいとなれば良い関係と言えますが、どうも現実はそう簡単にはいかないようです。

山口さんはとても積極的で自発的な人です。ただ、気持ちに余裕がなくなると自分の課題が表面化してしまうようです。それは3〜6歳頃の幼児期後期の課題の調整が問題となっていると見ることもできます。

自分の目的の達成に向けた取り組み、言い換えると、自分をラクにするためには積極的に行動するのですが、その際に適切な手段を選ぶことができていないのです。

山口さんの年齢はすでに幼児期ではなく大人ですから、自分の目的を達成させるために人に協力を求める際に、相手の状況次第で欲しいものが得られないことがあるということを理解して、思いやり合える姿勢を維持することが必要です。

ここからは、山口さん及び娘さんとの対話の中で明らかになってきたことを分解・整理しながら、それに対応するポイントや対処法を説明したいと思います。

自分をラクにするのは誰？

自分をラクにしようとする取り組みは、厚生労働省が働いている人たちに推奨しているセルフケアとも重なる大切なことです。その方法のひとつとして、周りの人に協力してもらうことも挙げられます。例えば、話を聞いてもらう、具体的に手助けをしてもらうなどもその一環です。

ただ、周りの人に協力を求める場合には、お願いする相手の状況も考えないといけません。山口さんの場合、その要求が特に強くなるのは娘さんに対してだったようです。

「苦しい状況から解放されたい」というのは人にとって自然で妥当な欲求です。**その欲求を率直に表現できるのは良いことなのですが、「相手がそれをかなえてくれないのは問題だ」となると困った状況になってきます。**

幼児期後期、5歳にも満たないぐらいの子どもが、何か「こうしたい」というような自分の欲求を満たそうと頑張ること、それはまさに目的に向かって積極的に動こうとする自律的な行動としてかわいらしいことです。

ただその行動は、まだ現実との調整が行われていませんので、なかなかうまくいかないことも多いのです。

一般的に家族というのは、感情を自由に表現していい関係として認識されています。職場では適切な人間関係を構築できる人が、家族や身近な人との関係になるとその距離感が急につかめなくなり、過剰に求めてしまうという例は多々あります（家庭だろうが職場だろうが、見境なく人に求める人はいますけどね）。

近しい人間関係ではお互いを深く理解し合っていると考えがちなのですが、いつなんどきでも許容してもらえるというのはちょっと非現実的です。5歳なら許されることであっても、大人であれば「おかしい」と思われることもあるでしょう。

自己主張と距離感の調整

嫌なことをきちんと「イヤ」と伝えることは、アサーション（自己主張）という大切なコミュニケーションスキルです。自分の求めることがあり、他者を尊重しながらも自らの欲求を満たそうとするのは自然なことです。ただ、その際に他者のことを尊重しないのであれば横暴な人になってしまいます。

小さな子どものイヤイヤ期に対応する大人は大変です。電車の中でお菓子を食べたいと泣き続ける子ども、お店でこれを買ってほしいと騒ぐ子ども、まるで命懸けのような必死さで大人に向かってきます。大人はそんな子どもにたじたじとなり、抑え込もうとします。

当の子どもは、そのような体験を重ねる中で、相手がどのような考えを持っているのか、想像する力を培っていきます。自分の欲求と相手の欲求のギャップを理解し、ただ我慢するのではなく、お互いに思いやり合える関係を構築していくステップを踏んでいるのです。

山口さんと娘さんの関係は、ある程度まではお互いを思いやり合おうとしていたのでしょう。ただどちらかというと、娘さんが一歩下がって母の欲求や気持ちを優先してあげることで成り立っている部分も多かったように感じます。

山口さんからすると、「私はしっかりと子育てをしてきたんだから、多少は理解してほしい」という気持ちが大きくなっているのかもしれません。とはいえ、子どもは成長して大人になっていきます。子どもの変化に合わせて親も成長していかなければなりません。

「子育て四訓」というアメリカ先住民の言い伝えがあります。

乳児はしっかり肌を離すな
幼児は肌を離せ、手を離すな
少年は手を離せ、目を離すな
青年は目を離せ、心を離すな

親子関係の変化をとてもうまくまとめていると思いませんか？

相手の状態は刻々と変わっていきます。気持ちを伝えるのは家族に限りません。自分の気持ちだけではなく、相手の気持ちや状況も理解して、お互いに良いゴールを探していけるといいですね。

感情がちゃんと下がることを意識する

感情は興奮と抑制を繰り返すものです。上がった後は下がるのです。人により強く感じやすい感情や、抑え気味で感じにくくなっている感情もあります。

怒りっぽい人は怒りの感情が出てきやすく、その感情の調整がいまひとつ苦手なのでしょう。他にも不安になりやすい人、罪悪感を覚えやすい人もいます。育ってきたプロセスの影響もあり、性格だからどうしようもないと思っている人もいるかもしれませんが、それも変化させられるのです。

自分の感情との付き合いがうまい人がいます。怒りを安全に発散する方法を持ち、逆にそれをエネルギーにして頑張れる人もいます。感情は行動を促すエネルギーですから、うまく活用できれば自分の力を発揮するための後押しになります。

一方、人は苦手に感じる感情、つまり**「どうしていいのかわからない感情」**については、その感情をどのように理解すればいいのか、そしてその感情がどのように変化していくのか、よくわかっていないものです。

その感情がどんなときに強くなり、そしてどのように弱くなり、通り過ぎていくのかというような、適切な変化の体験の積み重ねと理解が少ないのです。

何か目的に向かって行動したにもかかわらず失敗してしまうと、やはり不快だったり残念であったり、うれしくない気持ちになります。小さい子どもの場合には、しばしば「自分が悪い」と「自分は悪くない」というように二極化しがちです。良い、悪いという判断自体にとらわれがちになり、わからない感覚を強めてしまうのです。そして、このような反応は大人でもありますから注意が必要です。

子どもの場合には、目的にたどり着けなかったときにかんしゃくを起こしたり、泣いてしまったりするでしょう。そのようなときには、そこで感じている感情をちゃんと表現し、感情を体験していることを自覚し、受け止めて、かなうならば周りの大人から慰められるなど、気持ちが落ち着く体験を重ねることは有益です。

大切なのは**「感情が高ぶっても、その後しばらくすれば落ち着く」**という体験です。感情の高ぶり自体を我慢して抑え込みすぎると、感情がどのように上がって下がるのかという体験ができず、その変化に鈍くなります。

小さい頃からいい子だったという人が感情の調整が下手な場合には、そのような体験の積み重ねが少なかった可能性があります。

持ち切れない感情を「ゆだねて」いた

山口さんは他者（特に娘さん）に自由に甘えてよくて、相手は自分の気持ちをなだめるために対応すべきだ、と考えていたふしがあります。

本人は意識していないでしょうが**「私は大変だから、その大変さをやわらげたい」**と必死に感情を表現していた（ぶつけていた）のです。娘さんとしては、自分に余裕がある間は対応できても、自分の生活を再構築しようというタイミングで、そこまで母親のために時間を割けなくなってしまったのは当然のことでしょう。

この状況は、自分の感情を娘さんに「ゆだねている」とも言えるのです。自分で感情を持ちきれないから、娘に**「代わりに背負ってちょうだい」**と言っているのです。

親が病気の子どもを見て「代わってあげたい」と感じたという話を聞くことがあり

ます。親子関係において自然な心の動きだと思われます。でも、大人になった人が自分の気持ちを「代わってほしい」とは、なかなか人には言い出せないですよね。

人につらいことを聞いてもらってラクになったというのは、相手がそのつらい気持ちを受け止め、共感してくれたのを感じられたからでしょう。うれしい気持ちを共有すると、うれしさが大きく感じられるという例もあります。確かに、安全な人との関係の中では、そのように不快な感情をやわらげたり、うれしい感情を大きくしたりということができるのです。

山口さん親子の例でなくても、親が子どもの面倒を見るのは自然なことです。子どもが成長したときに、自らできる範囲で親の面倒を見たいな、と思えるような関係ができているといいですよね。

ただ、親が「私があなたを育てたんだから、今度はあなたが私の面倒を見るべきだ」と求め、できないことを責めて罪悪感を背負わせるようになるのならば、現代ではその親子関係は難しいものになってしまう可能性が高いですね。

From
エリクソン

自分で感情の面倒を見られるように

この章では、山口さんの話をエリクソンの発達段階でいう幼児期後期のテーマとして考えてきました。この先はそれを踏まえて解説していきたいと思います。

エリクソンは、幼児期後期の子どもは「目的」に向かって積極的に動き出すと述べています。「積極性・自発性」という心の態度を身に付けていくのです。さらに、いつも目的にたどり着けない場合には、**「自分のせいでできないんだ」**という気持ち、つまり「罪悪感」を抱いてしまうと言っています。

1章で幼児期前期について「自分でこのようにできる」という自律感を身に付けるとお話ししましたが、幼児期後期は言葉も使えるようになりつつあり、言葉を利用して自分で考えて行動を始めるのです。

考える力によって、**「ああしたらこうなるのでは」「こうすればどうなる」**と考えて、やってみようとするのです。**「なんでこうならないいんだろう?」**といった疑問も持つようになるので「なぜなぜ期」が始まるのです。3歳ぐらいまでの幼児期前期の行動は、何かを考えてというよりも気持ちのままの行動だったのですが、この時期には考えた上で、目的に向かって行動をし始めます。

「こうしてみたい」と考えることで始まった行動は「自分で成し遂げたい」という意識を強くします。それは、親から言われたことなどに対し、激しく「イヤ」と主張する第一次反抗期へとつながっていきます。現実原則に従うこと、つまりルールという理性の力の獲得へと進むのです。

実際にこの時期には、感情と思考がぐちゃぐちゃになって混乱に陥る状況が日々繰り返されます。例えば、保育園に行く準備をする朝の慌ただしい時間を思い浮かべてみてください。

子どもはまだ、なんとなくゆっくりしたいという気持ち（快感原則）がありつつも、自分も何かしなければいけないのかな？ と少しだけ頭には浮かぶ状態（うっすらとした思考＝現実原則）にいます。そこで親から「早くしなさい！」と急かされると、自発的にできないことを不快に感じます。親に対して「イヤイヤ」とあらがう態度を取りながらも、現実的には行くしかないと感じている……といった場面もそのひとつでしょう。

快感原則のみならず、少しずつその場に適したルールを学び、取り入れていけるようになることで、子ども自身も**「親との対決が減ってラクだな」**となるといいのです。その際には親との関係が強く影響します。親が現実を押しつけすぎると子どもの自発性がなくなり、**「自分から取り組むことはダメなんだ」**と罪悪感の方に舵《かじ》を切ってしまう例もありますから、バランスが難しいのです。

成長してルールを獲得した後にも、そのルールを厳密なものとして捉えすぎる傾向を持つ人も見かけます。失敗という恥ずかしさに加え、それが自分のせいだという自責感（罪悪感）を重ねてしまうと、1章でも触れた自己否定感を強めてしまいます。失敗の後に反省で止まらずに自己否定まで進んでしまう人は多く、この自己否定はなかなか強力なものとなりますから注意が必要です。

理性と感情の絶妙なバランス

感情と理性、「自分でやりたい」という自発性と社会や周りの人からの要請。それらが一致しない中での葛藤を越えるためには、ある種のバランスが求められます。

夏目漱石の小説『草枕《くさまくら》』の冒頭にある「智に働けば角《かど》が立つ。情に棹《さお》させば流される（正しさ、理屈にこだわると人とぶつかるし、人の感情を大切にしすぎるとこれまたうまくいかない）」という一節をよく思い出すのですが、理性だけでも感情だけでもうまくいかないのです。

やじろべえを想像してもらうとイメージできると思いますが、バランスは決して固定されずに揺れ続ける中にあります。**こうすればいいという「決まった考え」や「感じ方」があるのではなく、臨機応変な対応とその状況における感覚が大切なのです。**

その際には、自分が知っているルールやその場にいる人との関係、自分にとって大切だと感じ、やりたいと思うこと、そのときの体調など、さまざまなことが統合されているのです。計算して行うならばスーパーコンピューターが必要になるほどの作業ですが、それを人はあまり考えずにできるすごい能力を持っているのです。

繰り返しますが、感情は上がったら下がります。**高ぶった感情も下がるんだ、ということを体験的に知っておくことはとても大切です。**

苦しくなると、「もうダメなんだ」「この先はこうなるんだ」と極端な考えにとらわれて、その苦しさがずっと続くように感じてしまい、終わりのない絶望の世界から出られなくなってしまう人がいます。

相手に求め続けるだけでは、決して自分の感情の面倒を見られるようにはなれません。ここで登場した山口さんも、実はいろいろと我慢していることもあるはずです。そのような自分に対して「我慢させられた」と憤るのではなく、「私もなかなかやるじゃない」と褒めてあげて、心の中でニンマリできるといいですよね。

こうしてみよう!

[わかってほしいさん]の抜け出し方

自分の感情の面倒が見られると自分がラクになる

特定の相手に対し「言わなくてもわかってくれる」という態度でいませんか? なぜその人にだけ求める想い(感情)が強くなってしまうのか考えてみましょう。

感情の強さの波や切り替えの方法を知っておく

感情の強さを把握したり(スケーリング:数値化と呼びます)、きっかけになったことを振り返ったりするなど客観的に自分を眺めてみてください。

まわりに

[わかってほしいさん]がいる人へ

いったん離れることで距離感や関係を見直して

お互いの関係性に違和感を持った場合、しばらく距離を置いてみましょう。相手の求めに応じられないことに罪悪感を抱く必要はありません。

なんとかなるんだな、と
知ってひと息

第 3 章

「私はできない」と思い込む

ちゃんとできているはずなのに……

2章で登場した美恵さんがふらっとカフェにいらっしゃいました。少し思い悩んでいるようです。1年ほど前にお母さんとの関係について話したきりだったので、そのことかと思いきや、「今回はその話ではないんです」とのこと。

「すぐにではないんですが、実はまた転職しようと思っているんです。今の会社も悪くないんですけど、長い目で考えてもう少し自分の力を発揮できるところにトライしたいと思って。ただ、**私の人間関係のつくり方って、どうもうまくいっていない**ように感じていて、どうにかならないものかと少し悩んでいるんです」

「お、新たなチャレンジとはすごいですね。いいじゃないですか。うまくいかないってどういうことですか？」

「**いつも劣等感というか、自分に自信が持てない**というか。実際、周りの人たちはしっかりといい仕事をしていて、たぶん生涯年収も私より高いんですよね」

美恵さん自身もそれなりのキャリアを築いていながら、なぜかいつも自信がないとのことです。母親である山口さんとの関係なども振り返りつつ、一緒に現在の美恵さんについての理解を深めていきます。


「以前はお母さんの希望に合わせるスタンスだったのが、その後は適切な距離感でうまく境界線を引こうとしているように見えていましたけれど」

「かつては、母についていくのに精いっぱいで**母の機嫌をとらなきゃとすごく頑張っていた気がする**んですよね。だけど、それはもうしないでいいやと思っていて」

「それはいいんじゃないですか」

「でも、お付き合いしている人との関係でも、同じようなパターンになることが多いんです。どうも私は相手の言いなりになるというか、**求められていることに応えないといけない**と頑張ってしまうんです」

「相手の意見に従うとか、すぐに相手の下に入ってしまう、というようなことでしょうか？」
「母と距離を置いていこうとする時期には、彼が支えてくれたんです。でも結局、彼との関係でも、**すべて彼次第という感じ**になってしまっているので……」

自信は人から「もらう」もの？

対人関係では自分を大切にしつつ、相手への思いやりを忘れないことが基本ですが、自分と相手の状況や状態、体調や気分なども一定ではありません。これさえ言っておければ大丈夫ということがあるわけではないのです。

美恵さんはお母さんとの関係を考えても、相手を思いやる力は強いですよね。それでも、**自分に「いいね」と感じられるのは、人が「褒めてくれた」「認めてくれた」ときだけ**のようです。不安が高まると、相手にへりくだってそれを求め、それでも相手からの評価が引き出せない場合は我慢しつつ、内心では**「自分は無能だなあ」と感じている**そうです。

「相手が認めてくれていないと感じたときには、どんな気持ちになるんですか？」

「**終わった、やはりダメだった**という感じになって落ち込んでしまうんです」

「そのときの自分の反応は極端だとは気付いているんですか？」

「ええ、でも私は自信がないし、自己肯定感が低くて劣等感でいっぱいになりがちなんです」

「それは苦しいですよね。ところで、美恵さんが考える自信ってどういうものなんでしょう？」

「なんか〝ちゃんと積み上げている人〟のことでしょうか……」

「なるほど。それを言えば、美恵さんもちゃんと勉強して企業に認められて転職して、キャリアアップまでしようとしている。それって一定の積み上げにも見えますが。どうもご自身のことに対しては適切な評価ができていないのかな」

「そうかもしれません。積み上げてきた実感は持てていませんね。私は**ただひたすらにやってきただけ**で、結果が出ていたとしても本当の自分の力にはなっていないように感じるんです」

「自分のできたことは評価しない、人が同じことをできたら評価するパターンで、なおかつ人から評価されたときだけ〝ちょっとできたんだな〟とホッとする。**相手からもらうものをひたすらに有り難がり、それがないと生きていけない**というのであれば、それはちょっと不自然な感じがしますけど」

「確かにそうですね。だから、すぐに**人の言うことばかり聞いてしまったり、なんでも決まったことを求めてしまったりする**のかも……」

そんなやり取りを重ねながら、美恵さんは次第に自分のクセに気付き、意識していこうと考え始めたようです。

有能感と無能感について

話を聞いていると、やはり美恵さんはなかなか優秀な方のようです。決められたことをちゃんと進めることがうまいのは、今まで一生懸命に頑張ってきた成果でもあるのでしょう。それなのに**「自分はちゃんとできている」という有能感が持てていない**のです。

有能感とは、簡潔に言うと「自分は努力・実践すれば、できる・良くなるという感覚であり、自己肯定感につながる」ものです。美恵さんはなぜか有能感を持ちにくくなっており、必死に頑張って相手から評価をもらう、というパターンに陥っていたようです。ストイックな努力の結果としてスキルや能力は上がっているはずなのに、なぜか無能感を維持しているのです。

結果として、

- **「ちゃんとやる」と考えすぎて完璧主義に陥る**
- **決められたことであれば不安に陥りにくいので、何事にもマニュアルを求める**
- **自分のことを認めてくれる人に対しては過剰なまでに気を遣う**
- **認めてくれる人の言うことはすべて正しいと捉え、なんでも言うことを聞く**
- **「この人に認められても仕方がない」と判断すると、その人に対しては極端に冷淡になる**

といった心と行動の構えが固定されていたようです。美恵さんは有能感を感じられないがゆえに、その穴埋めをしようと一生懸命になっていました。

一方、異なるパターンに陥る人もいます。例えば、「あなたならできる」と言われ続けて辟易《へきえき》してしまい、有能さを発揮することを相手の欲求を満たすことと感じ、反発して自らの力を発揮しないように〝頑張らないこと〟にエネルギーを割く人もいます。「自分は無能だ」という立場に固執していくのです。人は表と裏、時には斜めや異次元など、思いもかけない適応の仕方をするものなんですね。

プラスの自分とマイナスの自分

近年、「自己肯定感」という言葉をよく耳にするようになりました。まさにその字の通り、自らを肯定的な存在として感じられることです。

私が専門とする分野のひとつに認知行動療法という心理療法があります。その中で、人が持つ自分や世界に対して感じている深い感覚をスキーマと呼びます。これは思考ではなく感覚であり、なんとなく「自分って○○だよな」というものです。

スキーマにはプラスとマイナスの両面があると言われています。人には得手不得手《えてふえて》があるので、「できる」という感覚と「できない」という感覚が状況により入れ替わるのは自然なことです。

それが、すべてプラスになることを目指す必要はありません。プラスとマイナスがあるけれど「全体としてプラスである」と感じられるといいのですが、マイナスが圧倒的にプラスを超えて大きく感じられてしまっていると生きづらくなりますね。

スキーマは心の深いところの感覚につながっていますから、行動を変えるようにはすぐに変化しません。しかし、人により具体的な方法に違いはありますが、方針を明確にして時間をかけて具体的な取り組みを続けていくことで徐々に変化していきます。先のやり取りでも、これからどのような心の態度をつくっていくのか、美恵さんはそのヒントをつかみつつあるようでした。

話はもう少し広がりました。

「何かをやり遂げたとき、どのように考えたり行動したりしますか?」と聞くと、

「よしできた、と思うと、まず周りを見回している気がします。**誰かこれを見て、誰か褒めてという感じで**」

「ほう、それはなかなか冷静な観察ですね。誰しも人に褒めてもらったり、認めてほしかったりするものですが。**自分の中から喜びや『私やるじゃん！』という感覚が出てくるよりも、周りに目が向くんですね**」

「そうですね。**自分の中から感じるものをつかみ切れていない**からでしょうか……」

「お、いいところに目が向いてきましたね」

人は誰もが自分に対して肯定的な感覚、あるいは快い感覚を持ちたいと思うものです。美恵さんも同様で、そのために一生懸命に頑張り、人からの承認を求めていたのです。

しかし、なぜか自分では「頑張れた」という実感を持てなかったので、どこまでも人にそれを求めざるを得ないという状況だったのです。そのパターンを明確にしていく中で、何を意識し、どのような行動を重ねていけば自分がラクになっていくのかを探っていたのです。

その後、美恵さんはときおり自分の状態を確認するかのようにカフェに顔を出しに来ていました。

課題を掘り下げて考える

他人からの評価が頼り

これでいいのかな？さん

美恵さんは期待されたことをこなす能力があり、かつ継続的にその姿勢を維持できていました。一方、そういった能力や頑張る力があるにもかかわらず、自分では自己肯定感をいまひとつ高く維持できていませんでした。

頑張った成果はすべて相手に捧げ、その相手から「ご苦労であった。よくやった」というようなご褒美をもらい続けていたのです。

ここからは、美恵さんとの対話の中で明らかになってきたことを分解・整理しながら、それに対応するポイントや対処法を説明したいと思います。

自己肯定感を育むために

人の心の深いところの感覚、スキーマについて80頁で触れました。感覚的なものですが、言葉にしてみると「私は頑張れる」「私はそれなりに優しい」といったプラスのものもあれば、「私は無能だ」「私は人に好かれない」といったマイナスのものもあります。自分に対してプラスに感じる感覚は自己肯定感につながります。

自己肯定感を持てるようになるために、無理やり「私はできる」と考えても意味はありません。もちろん、美恵さんのように自分の課題を明らかにして、「できたことを実感する」というような練習に納得した上で取り組む場合には、無理やり感もなく、効果が期待できるでしょう。自己肯定感を育むことについて、引き続き発達的な視点から考えてみたいと思います。

子どもは最初、「できた」という体験を重ねながら、褒められる心地よさを感じ、さらに「自分でやりたい」という意欲を高めていきます。自律感や自発性ですね。

自己肯定感の土台は、人から褒められてうれしく、心が温まる体験を重ねることで育っていくのです。自分の中に生じる「できてうれしい」という感覚を育む姿勢を獲得するためには、他者からの関わりが必要になります。

子どもが持つ自然な一側面として、親など他者の顔色を見る力があります。そのような力が強い子どもの場合、自分が「できた」と感じたときにその成果を誇るよりも、他者に「どう？」と確認をします。**ある意味で、その成果を一時的にでも〝親に託す〟のです。**そこで「あなたの頑張りだね、すごいね」と返されることで、その子はようやくそれが自分の成果だと感じられるのです。一方、親から褒められることなく、「それで良い」という承認だけが返される状況が続くと、その承認を求め続けてしまうことになります。

美恵さんの場合は**「できてうれしい」感覚が「お母さんのおかげ」に置き換えられてしまっていたとも言えるでしょう。**2章で登場した母親（山口さん）は、決して悪意がある人ではないのですが、お互いの気質が困った形ではまってしまったのかもしれませんね。

小さい頃に、適切な肯定感を育むための情緒支援的な関わりを得られなかったとしても、その後の人生で肯定感を育てることはできます。人によっては、安全かつ肯定的に関わってくれる人たちとの交流を増やし、それを確かめながら育てていく人もいます。**意識的な取り組みを通して、自己肯定感は高められるのです。**

美恵さんは、自己肯定感を獲得するために他者からの承認を求めて、本能的とも言えるほどに頑張る力を活用し、改めて自ら整理した課題に取り組んでいきました。次第に、より適切な対人関係のあり方、心構えなどを獲得していったようです。

「私もなかなかやるじゃない」と思えるようになってきても、まだまだ人からの承認を欲しがっている自分に気付き、「前よりマシになっているかな……」などと考えてみる。そんなことも自分自身の心を温め直す時間になります。

大人になっても、人に求めるのは恥ずかしいことではありません。相手を害さない程度に自分が欲しいものを「欲しい」と素直に求める。これも大切な力です。

「なんで私ばっかり」という被害的な思考

何かあると、**「なんで私ばっかり」「私はいつもこのような扱いをされる」**と被害的に感じてしまう人がいます。過去に自分の欲求が満たされない体験を重ねたのかもしれません。その結果、今は欲求を満たすことができているにもかかわらず、満たされた実感を持ちにくくなっているのです。

学童期まで成長してきた子どもたちは、自分の頑張りに対して適切な評価と承認を得る必要があります。頑張っても失敗してしまうことは誰しもありますから、時にはそれを乗り越えるための励ましも必要です。失敗は避けては通れないことですし、失敗から学ぶことは多いのです。

美恵さんは仕事での頑張りによって、それなりに満たされた部分もあるはずなのに、本人はそのようには感じられていませんでしたね。**人からの承認を求める一方、どんなにそれをもらったところで、その瞬間だけは満たされた気がしても、砂に水をまいたように消えてしまっていたのです。**心の中では自らの満たされた体験、そして心が温まる感覚にはなっていなかったのでしょう。

頑張っても頑張っても満たされない、それどころか次を求められているように感じてしまう……。被害的な思考に陥る入り口です。

自分のパターンに気付いた美恵さんは、母親とお互いに思いやりを持てる、近づきすぎない距離感を意識しながら、今後は自分の頑張りをそのままに受け止めて応援してくれる人たちとの健全な関係を増やしていくことでしょう。そのような体験を積み重ねていく中で、被害的に考えるクセは改善されていきます。

日本では**「空気を読んで事を荒立てない」**のが良いとされる傾向があります。しかしそれが強くなりすぎると、相手の思いを汲んで、自分の欲求を抑えてでも相手の欲求を満たそうとするパターンにはまってしまうことがあります。そのような状態が続くと、対人関係の中で自分の欲求は満たされなくなるのですから、人と距離を置きたくなるのは自然なことです。

自分の中の「これでいい」が信じられない

マニュアルや法律のように明文化されたルールはとても便利です。「この場合はどうすればいいのだろうか」と悩まずに、ある意味、「これに従えばいい」と考えることを省略させてくれるのですから、私たちをラクにしてくれます。

私たちは、子ども時代から少しずつ自分が暮らしている社会のルールや考え方を学び、それになじんでいきます。ルールがなく混乱した環境で育つと安定感を失い、気持ちや感情も落ち着かなくなります。ある程度の一貫した環境が安定感を育み、それを身に付けていく自分自身に対しても肯定的に感じられるようになるのです。

一方、時としてルールは臨機応変に調整できることが大切です。硬直しすぎたルールは**「それにさえ従っておけば問題ないのだ」**という固定観念となり、柔軟性を欠いてしまいます。子どもの頃、自分の家と友達の家のルールが違うことを知り、驚いた体験を覚えている人もいるでしょう。

ルールについての一例ですが、食事に関しては違いが顕著に表れやすいものです。皆がそろってから食べるのか、席に着いた順に食べ始めるのか、食事の前のあいさつをどうするのか、食後の片付けのやり方などもさまざまです。

子どもが育っていく中で、家庭内でのルールもまた変化していきますし、まったくの他人と生活を共にすることになる結婚などは、まさに異文化のぶつかり合いであり、そこから新しい文化を生み出していく創造的な場となるのです。

子どもはルールを身に付けながら、時にそのルールが柔軟に適用されるという複雑な学習を重ねていきます。**決められたことを大切にする姿勢と、その場に応じて適切に調整する態度は決して対立するものではなく、並んで大切なものです。**

日本では、「決められたルールに従う」という意識が少し強すぎるのかもしれません。世界は現実に合わせて絶えずルール自体を修正しています。しかしながら、美恵さんのように混乱を体験すると、そこから逃れるためにも硬直したルールを求める傾向が強まるのです。

最近はあまり聞かなくなりましたが、「胸に手を当てて自分の心に聞いてみろ」という言葉のように、**自らの内にある「これでいい」の感覚を感じられるようになるためには、やはり経験が必要なのです。**

勤勉さと劣等感のバランス

この章では美恵さんの話について、エリクソンの発達段階でいう学童期のテーマとして考えていきたいと思います。

エリクソンが提唱した学童期は小学校時代とも重なりますね。この時期には継続力を育みます。そのような「勤勉さ」を育むことで、目の前の短期的目標から長期的な目標を持てるようになっていきます。

幼児期後期までに獲得した「自分でできる」という自律感、「自分でやっていこう」とする自発性を土台として、目先の目標にとどまらず、少し先にかなえられる大きな目標に向かう力を身に付けていくのです。目標を達成できるという実感は、**「自分はなかなかに有能でいいね」**という感覚へとつながっていくのです。

一方、目標が達成できないことが続き、努力を継続できない体験が重なると、不適応感から「自分はダメなんだ」という「劣等感」に進んでしまいます。現実に先々の目標を達成するためには、途中でさまざまな失敗や体調の波などがあっても、ある程度の継続性、つまり勤勉な取り組みが必要なのです。

美恵さんの場合、目標を達成しているにもかかわらず、母親との関係などが原因で**「それは自分の力ではない」**と感じられてしまう状況が続いていたので「劣等感」を強く持っていました。**すでに勤勉性は身に付けていたのですが、劣等感により完璧を求め続けるという、終わりのないパターンにはまってしまっていたのです。**

自発的な取り組みだとしても、長期にわたり「やるぞ」という気持ちを高く維持するのはなかなか困難です。「これをやればいい」とわかっていても、気分が乗らないときはあるものです。

2章では理性と感情のバランスについて触れましたが、ここでもやはりバランスが求められます。時には「もういいや」「今日は休もう」「やる気が失せた」となることもあるでしょう。その都度、無理やり自分を追い込むのではなく、自分の気持ちや状態に合わせて、できないときは**「この程度でいいや」「今日は少し休んで気分転換しよう」**などと調整しながら進めていけるといいのです。

また、長い道程では周りの人の取り組みが目に入るものです。学童期で考えると、学校という組織自体がどちらかというと皆が一律にできることを要請する傾向にあります。そこでは個人の勤勉性を育むことよりも、「出すぎないこと」や「遅れすぎないこと」が大切だと感じてしまう子どももいます。周りの人の取り組みを参考にして取り入れながらも、自分に合う形を見出せるといいですよね。

「それなりにできた」と思えるように

この章では美恵さんとのやり取りから、学童期の発達課題と絡めながら人の成長について書いてきました。長期的な視点で物事に取り組めるようになるためには、先に書いたように自分自身の調子の波を知り、受け入れる力も必要になります。

いつも完璧にできるわけはないのですから、ある程度のことは「まいっか」と受け入れて、「できているところもあるじゃないか」と考えられることが大切です。

できていないことばかりに目を奪われてしまうと、ネガティブな感情にとらわれがちになります。理性と感情のバランスの取り方はとても大切であり、それを工夫することでうまくなっていくのです。

ちゃんと継続的に取り組む。同時に適度に力も抜いて「まいっか」もできる——。「まいっか」はいい加減になるということではありません。人によってバランスの取り方は異なります。

自分と他の人では体力や調子も違うのですから、ひと休みするタイミングが異なるように、その方法が違うのもまた自然なことです。そんな違う人たち同士で力を合わせて、より大きな目標を達成できるようになっていくのです。

こうしてみよう！

［これでいいのかな？さん］の抜け出し方

完璧を求めるのではなく「できてうれしい」と思えるように

周囲の反応をうかがう気持ちを手放し、ある程度まで進められたなら「これでいいな」、うまくいかなくても「まいっか」と思える自分を育てたいですね。

「私はこう思う」と小さな自己主張の練習をする

「私はいつもこのような扱いをされる」と被害的な考えのパターンに入り込まないために、対等に話せる人との間で自己主張の練習をしてみましょう。

まわりに

［これでいいのかな？さん］がいる人へ

たまには一歩踏み込んで本当の気持ちを聞いてみる

いつまでも相手の本心が見えないと関係は深まりません。タイミングを見て「あなたはどうしたいの？」と一歩踏み込んでみたいものです。

十分にちゃんと
できてるよ？

第4章

自分のことを定めきれない

スマホで確かめる人

香川さんは20代の男性で、スマートフォンから手を離すことがありません。一人でカフェに来ているときは、ずっとスマホで何かしら調べています。

誰かと一緒でも、基本はスマホを見ていて、その合間に話をしているようにすら見えます。人とコミュニケーションを取らないわけではなく、目が合えば笑顔で挨拶してくれます。カフェの閉店時間に片付けを手伝ってくれたことをきっかけに、よく話すようになりました。


「いつもスマホを見ていますよね。調べものが好きなんですか？」

「好きというか、基本は調べることにしているというか。だって、**ちゃんと合っていることをやったり、話したりしたい**じゃないですか。**ずれていると思われるのもなん**

か嫌だし」

「なるほどね。まぁそういうことも大切なのかな。私なんかよく間違うことがあるから」

「それってまずくないですか？ きちんと調べれば、ある程度は正解がわかるんですから」

「そうだねぇ。いろんな人と話しているといろんな考えもあるし、何が正解かわからないなぁと思うことも多いからね」

「そうですか。僕も学生の頃はそっちの考えに近かったですけれど、今はそんなふうには思えないな」

香川さんは大学を卒業して働き始めたばかりの社会人です。学生時代には勉強だけでなく、サークル活動にも力を入れて友達と楽しんでいたようです。就職して働き始めてからは、学生と社会人の責任の重みの違いを感じ、行動が少し変わってきたと言います。そのひとつが何に対しても「まず検索」すること。時には「自分の気持ち」を検索することもあるそうです。

映画やニュースに触れて心が動いたら、**それを他の人はどのように評価したり、感じたりしているのかと気になって検索**。自分の気持ちと近いコメントを見て「これでいいんだな」とホッとしたり、知らない人の感想を読んで「ああ、そうだな」と共感することも多いそうです。

ふとしたときに、**ぼんやり自分の中に浮かんだ気持ちをなんとなく検索**することもあるんだとか……。

「自分の気持ちを調べる」というのは、それをしない人から見るとなかなか斬新な行為に思えます。気持ちは主観的な体験ですから、心の奥深くから出てくるものという考えが一般的ですよね。

ただ、改めて考えてみると、赤ちゃんのときには「快」と「不快」しかなかったような感情は、さまざまな経験を重ねる中で分化し複雑になっていきます。状況によって「怒っているんだね」「悲しいね」「不安だったね」と教わり、自分の感情が異なっているのを自覚するようになります。

ですから、気持ちや感情を「検索する」という行為を通して、自分自身を客観的に理解しようとするのも、別段おかしなことではないのかもしれません。

認知心理学的な視点に立つと、自分が置かれた特定の状況に対し、意味が付与された結果として思考や感情が生じていると考えることもできます。香川さんはネットで自分が感じている感覚に〝合致する視点〟を見出すことで、自分の置かれた状況に対する適切な解釈にたどり着こうとしていたのです。

その状況における反応や自分の捉え方、感じ方（感情）について、多くの人が採用する形式を見出し、それを参照しながら自分を確認する――ということを行っていたとも言えます。

香川さんは、その後もときおりカフェに来ては、あまり人がいないときに話しかけてくれるようになりました。どうやら、自分と違う考え方をする私に興味を持ったようです。

「ネットで〝自分〟を検索したとき、これは違うなぁという情報も出てくるはずだけど、そういうときはどうするの？」

「よくありますよ。でも、検索を続けていくとある程度は集約していくというか、**多くの人はこう考えたり、こう感じたりするんだな**というのが見えてくるんです」

「本当にそれが正解なのかな。自分は違うなとは思わないの？」

「ほとんどないですね。**僕はある意味で平均的な人間だと思います**し、それほど突飛なことを好むわけでもないですから。だいたい当てはまっているんです」

「なるほどね。私なんて大人になってもいろんなことで失敗したり、羽目を外して後から恥ずかしい思いをしたこともよくあったけれど……」

お互いの昔話なども交えながら、話題は広がっていきます。

「複雑な私」と「皆と同じ自分」

「**みんなと違いすぎるって、なんか不安になりませんか？** まいっかと思うときもあるんですけど、やっぱり気になって検索してしまうんですよ」

「人と同じなのが嫌だという人もいるし、自分ってこうだ、というのはなかなかわからないものだよね。アイデンティティという言葉があるけれど、私もこの仕事を始めて10年ぐらいして、やっと『私の仕事はこれだ』という思いにたどり着けた気がするぐらいだから。今は情報も選択肢も多くて混乱しがちなのかな」

「混乱しているとは思わないですけど、**自分っていったい何なんでしょうね**」

アイデンティティとは、日本語では「自我同一性」と言いますが、自分が自分であること、さらにはそうした自分が他者や社会から認められている役割はこうだ、という感覚のことです。「私って○○だな」と自他共に認める感覚とでも言いましょうか。

「香川さんにとって、これは頑張ってきたぞ、というようなことはあるのかな？」

「これというのはあまりないんですけど、昆虫採集は好きでしたね。今も年に一度は採集旅行に行くぐらいです。今年は仕事が始まったばかりで、まだ予定を立てられていませんが」

「へえ、おもしそうな趣味があるんだね」

「大学の専攻もその延長でしたし。今の仕事とはあまり関係ないんですけどね」

「好きっていうのはいいね。理由なく感じることだもんね。ところで香川さん自身は、自分はどういう人だって感じているの？」

「いろいろと複雑なんですよね。なんでもすぐに検索するのはやめられないけれど、だからといって不安にさいなまれているわけでもないし。まぁなんとかなるという根拠のない自信もあるし、自分のことがよくわからないというか……」

「人はいろんな側面を持つから、それら全部が香川さんの一部なんだろうね。そのうちに、この側面をよく使うとか大事にしようとか、考えるようになっていくのかもしれないね」

「そんなもんですかね。いろいろやってみます。またときどき話しに来ますね」

課題を掘り下げて考える

正解を求めてさまよう

自分を検索中さん

香川さんの話を聞くと、学生時代の仲間とは今でも良い付き合いがあるようですし、そこへのつながり（所属感）は強かったようです。一方、就職した会社とはまだ関係を築いている最中でしょうか。社会人になって慎重さが強くなっているようですが、自信がないわけではなさそうです。

「自分はこう思うからこうした」という意見もないわけではないのでしょうが、その「思い」も検索した結果であったりするので、改めて**「自分ってなんだろう？」**と、ときどき考えたくもなりそうです。

ここからは、香川さんとの関わりの中で明らかになってきたことを分解・整理しながら、それに対応するポイントや対処法を説明してみたいと思います。

自分の立ち位置を決められるか

学校や会社、サークルなど「私はここに所属している」という場を持っていた時期もあれば、環境が変わった後に今現在の場との関係を模索する時期もある、というのは自然なことでしょう。そのようなプロセスを振り返ってみると、自分はどのように社会と関わっていくのかが見えてくるものです。

なんでも「すぐに検索する」という香川さんは、少し引いたところから会社と自分自身を見ているのでしょう。**より正しい解を探そうと、自分なりに慎重になった結果の自然な行為だったのかもしれません。**

何かに所属すること、つまり「そこにいること」を選んだというのは、自分の社会的な立ち位置を示すことでもあります。就職してからも「本当にここで働き続けていいのかな」と迷い、転職や大学に戻るなど、進路や選択を修正することを考える人もいます。どのようなところで働くのかはご縁もありますし、「その会社が自分にとって良いか悪いか」という視点で考えるのは難しいことです。

まだ「ここだ」と決め切れないからこそ、別の選択肢を考えてみたい、その会社に賭けきれないという場合もあるでしょう。ただ、ずっと自分を〝引いて見ている〟わけにもいきません。**より良い選択を探そうと検索し続ける気持ちは理解できますが、いつか「あなたはどうしたいの?」と問われることになります。**

青年期に入るとその世界は大きく広がります。中高生にもなると、それまでは家庭が帰る場所だったのが、友人関係など外の世界につながりを求める人が増えていきます。その新しい世界の中で今まで試したことのないことに挑戦していきます。違うグループに顔を出してみたり、新しいスポーツや趣味などの取り組みにチャレンジしてみたりすることもあるでしょう。

家で過ごす時間が減り、持て余すエネルギーをたくさん消費する時期です。多くの失敗も経験しますが、そのような失敗は笑い話にするか内緒話にするのです。また、身体が大人に近づき、その身体の中では嵐のように強い感情が吹き荒れたりする時期でもあります。

「自分はこうだ」というアイデンティティを獲得するということは、「正解を見出すことではありません。運動が得意な人がいれば勉強が得意な人もいて、人によって正解は異なります。好きなものや得意なものも違うのです。「自分なりに何をしていこうか？」とか「このような人たちと付き合いたい」だとか、それぞれのやり方で社会との付き合い方を見出していくのです。

私たちは自分の中に、いろんな自分がいることに気付いているでしょう。**こういう自分もいるけれど、別の自分もいる、というような中で「これは大切だな」というものを選び、状況によってそれを調整していくのです。**

さらには、いったん「自分はこうだ」というアイデンティティを確立したとしても、場合によっては変更することもあります。そのようにして、「私は○○だな」と定まってきた認識の型をアイデンティティと言ってもいいでしょう。

そして、それは社会における立ち位置にも広がり、私の例でいうと「私は臨床心理士」といった社会的アイデンティティへとつながっていきます。さらに自分のあり方を変える選択をすることで、それも変化することがあるのです。

自分の主張と「みんな」のバランス

自己主張ばかりする人と話していると少し圧倒されます。一方で「自分はこうだ」という主張がまったくない人と話しても、それはそれでちゃんと対話ができていない感じがします。

一緒に食事に行き、和食、中華、イタリアンの何がいいかと決めるとき、人の意見を聞かずに「今日はこれ」と言い続ける人や、「私はなんでもいい」という人にはどちらも困ることがありますよね。

先ほども触れましたが、青年期に世界が広がっていく中で新しい価値観と出合ったり、新しい仲間同士の考え方に引き寄せられたりして、変化していくのは自然なことです。仲良く〝つるむ〟グループが変わり、新しく部活や音楽などに取り組む中で、今まで付き合ってこなかった人と出会い、知らなかったものの見かたや感じ方を知るのは大切です。

新しいものに出合い、感動したり興奮したりしているとき、それを皆にも伝えたくなり強くアピールすることもあるでしょう。自分から主張をした後に人からの反応が気になるという人も多いでしょう。ソーシャルメディアなどで自分の考えを人に伝えた後で、自分の主張が人を不快にしてしまってはいないだろうかと、一人反省会を重ねる人もいます。

香川さんはどのように主張すればいいのか。言い換えると**何を押し出し、何を引くのか、適切だと思われるバランスを模索しているのです。**いつかは「自分はこうだ」という姿勢を持ちながらも、相手のことも大切にするような対話ができるようになるといいですね。

学童期までは、どちらかというと「人と同じ」という側面が強調される傾向にありましたが、青年期以降になると個人の違いに対する自覚が高まります。違いを感じるがゆえに他者に対して配慮をする姿勢を保持することは大切ですが、それは「自分はこう考える、こう感じる」といった主張をしながらもできることです。

「同じだから仲間だ」という意識から、少しずつ「違うからこそお互いに助け合い、学び合える」という意識へと進めるのです。お互いの違いを率直に認め合えたことで対話が生まれ、関係が深まっていくこともあります。

香川さんは昆虫採集を趣味として楽しんでいました。大学時代のサークルではいろんな人がいたそうですが、それでも「同じことが好き」という共通点でまとまっていたところが大きかったようです。

就職してからは、さまざまな新しい状況で自分がどういう態度を取るのかということについて、**自分の中の〝検閲〟が強く、検索することで無意識にワンクッション置いていたのですね。**

見ないふりをしても不安は消えない

わざわざ周囲に不安を誇示する人はあまりいませんよね。不安を感じていることを隠そうとする人も少なくありません。不安という感情は、「完璧にやること」が現実的にはかなわないことが多く、現実的に「自分にできること」をして備えておくんだよ、ということを私たちに教えてくれています。

私は、非現実的な理想を求めて具体的な対処ができなくなる状態を**「お化けの不安にとらわれている」**と表現することがあります。

非現実的な完全さを求めるような不安にとらわれてしまうと、それがかなわないことを感じつつ、どうしていいのかわからなくなってしまうので、備えることも、人に相談することもできなくなる場合が多いのです。

かつて、大人になるための「イニシエーション」と呼ばれる通過儀礼が世界中にありました。特にそれは男性に対して求められたように思われます。女性は身体的な変化が大きいために、そのようなステップを省略できたのかもしれません。日本では成人式もその名残でしょう。今ではアトラクションとして有名ですが、バンジージャンプなどもそのひとつです。

バンジージャンプは、南太平洋にあるバヌアツのペントコスト島で行われていたナゴールという儀式が起源とされており、それは高さ約30メートルにもなるやぐらに芋のつるを縛り、それを足首に巻きつけた男性が飛び降りるという過激なものです。

不安だけれども、「それを乗り越えてこそ大人の一員だ」という発想は昔から受け

継がれているのです。「不安だからやらない」というのでは、社会の一員として認めてもらえなかったのです。

現代はイニシエーションのようなわかりやすい通過儀礼はありませんが、香川さんのように少し引いて見ながら、検索をし続けることで不安自体を減らそうとする動きは、**大人になる儀式がない中で「大人として振る舞う」ための〝モラトリアム的な行為〟なのかもしれません。**

青年期はしっかりと自分の適性を見極めるための時期であり、その行為は**「肚《はら》を決めるための練習」**とも言えます。無条件に肚を据えろというのは乱暴ですが、まずは不安を真正面から受け止めた上でスルーするという体験を経ないと、いつまでも追いかけてきます。

いつか香川さんも自分の不安を認めて、「やるしかないか」と進んでいけるといいですね。

From
エリクソン

実験しながら居場所を探す

ここまで、エリクソンの発達段階でいう青年期のテーマを参照しながら考えてきました。エリクソンが提唱した青年期は一般にいう思春期から始まります。かつては、13〜22歳頃（諸説あり）の期間とされていましたが、現代では30歳すぎまで伸びているように感じられます。

この時期の心理課題は、先にも触れたアイデンティティの確立です。「自分ってこうなんだ」という自分をつくっていくのです。

自分が活動する組織や領域を定めて、そこを自らの帰属する場所としていきます。そのような過程がうまく進まない場合には、「自分って何なんだ」という混乱が続きます。役割の混乱（アイデンティティ拡散とも言う）が続くのです。

青年期には、さまざまな経験の中で**「自分はこういう人間だ」「自分にはこういう**

傾向があるんだな」などと自己理解を深めていきます。

それまで育ってきた家庭の価値観から離れ、友人や学校など社会の影響を受けながら、さまざまな実験をする期間とも言えます。その中で自分が所属する場を見出したり、「自分はこうなんだな」という安定した感覚を手に入れたりしていきます。

このような力を身に付けることで、**「これからどのように生きていくのか？」**という人生における目標を定め、自らを活かせる場を見出していくのです。

学童期は、長期的な目標に向かう土台を身に付けていく時期だと3章で話しました。青年期はさらにもう一歩進み、自分の人生においてチャレンジするテーマを見出す時期です。少しずつ、目の前に展開できる時間軸が伸びてきて**「遠くを見通す力が付いてきた」**とも言えますが、人によっては定年後に新しいことにチャレンジする人もいます。挑戦は実験のように、人生のどのタイミングからでも始められるのです。

この時期に見出す〝自分〟という存在に対する理解や、そこに居たいと感じる環境は、その先に続く人生の支えになります。そのような自分や場が見出せない間は、根無し草のように自分が定まらないことが続いてしまいます。

現在は情報も多いので、選択肢もたくさんあるように感じられるかもしれません。一度「これをやっていこう」と決めた後でも大胆に変更していく人や、ひとつに決めない生き方を選ぶ人もいます。近年提唱されているリスキリングやリカレントという概念も、そのような状況を後押ししているのかもしれません。

リスキリングとは、企業が自社の従業員に対して、さまざまな方法でスキルや技術を新たに学ぶ機会を提供することを目的としており、今までの業種に限定せずに新しい領域の学びを促しています。

一方でリカレント教育とは、従業員が自主的にスキルの向上や新しい技術を学び直しによって習得することで、しばしば今現在の業務の新しい知見を得たり、時代に追いつこうとアップデートするための学びでもあります。

リスキリングなどは、「私はこうだ」と決めたものを手放し、新たな世界へと打って出るような取り組みとも言えます。

「自分を固定する必要はない」という視点が広がりつつあるとも言えるかもしれませんから、この時期が長くなっているのは時代の影響も大きく、現実に即しているのかもしれません。

ただ、自分が取り組むことの選択は切り替えられても、自分自身が別の人間になるわけではありません。

ある程度のところまで自己理解や環境調整が進められていないと、自分の立ち位置もわからず、その瞬間瞬間が「混乱の連続」となってしまいます。そのような混乱は不安を生じさせ、自己否定的な感覚につながることがあります。

どんな自分を見出していくか

この章では香川さんとのやり取りを土台に、青年期の発達課題と絡めながら人の成長について書いてきました。

年齢を重ねても「私は青年だ」と主張する人がいるくらい、青年期の心性は長期にわたることがあります。19世紀ドイツの実存主義の思想家として知られるフリードリヒ・ニーチェは、晩年の著書『ツァラトゥストラはこう語った』の中で、「人生において自分独自の道を進め」と述べています。「自分以外には誰も歩むことのできない道がある」という意味です。「神は死んだ」という言葉が有名ですから、その部分だけを知っている人もいるかもしれませんね。

青年期は社会のルールを学びつつ、その中で自分がどのように生きていくのかを見出す時代です。何が良い、何が悪いということだけではとても語りきれません。

感情が先行しがちな人は、社会からの要請を肌で感じることで理性をうまく活用できるようになることがあります。理性が先行しがちな人も、いろんな人や出来事との調整を求められる中で、相手の気持ちを理解する必要に迫られ、感情をうまく活用できるようになることがあります。理性と感情のバランスの取り方がさらに上達していくのです。

自分自身の成長を感じられることがたくさんある時期です。その実感を丁寧に積み上げていきたいですね。

こうしてみよう！

［自分を検索中さん］の抜け出し方

一歩でも歩みを進められたら自分で自分を褒める習慣を

なかなか「これ」と決め切れなくても、具体的に取り組めたことがあれば「よくやった！」と自分を褒めて、うれしい感覚をじっくり味わってみましょう。

「これが好き」の感覚をもう一度、思い出してみよう

心の内から「好きだ」と思えるものは人生の支えになります。仕事や育児などで離れたとしても、またいつでも再開できることを忘れずに。

まわりに

［自分を検索中さん］がいる人へ

同じでなくてもいい お互いに違うからおもしろい

しばらく付き合っていると「本当のところどう思っているの？」と感じることも。そんな相手には「衝突は批判ではないよ」と伝えてみてください。

間違えたって
いいんじゃない〜

第 **5** 章

「もっともっと」がやめられない

忙しくする人

山形さんは40代の男性で、システム開発の会社を経営しています。社会的な地位があり、精力的に活動している方です。とあるセミナーでご一緒したのをきっかけに、私の「よろず相談」の活動に関心を持ってくれたのか、カフェにいらっしゃるようになりました。

いつもにこやかな雰囲気ですが、ときおり眉間にしわを寄せ、ちょっと考え込まれる様子が特徴的です。1時間なら1時間と時間を決めて来るようで、予定の時間になると、「次の予定がありますから、また」と言ってさっと切り上げます。あるときのやり取りです。

「いつも予定を決めて動いておられるようですが、かなりお忙しそうですね」

「忙しいというか、**やりたいことがたくさんある**ので。ここは仕事で近くに来たときにちょっと寄らせてもらっています」

「そうなんですね。カフェにはいろんな人が来られるから、時に思いもよらない話が聞けて楽しいですよね。山形さんともお会いできてうれしいですよ」

「普段の仕事では会わないような人たちと気軽に話ができる場所っていうのは、なかなか貴重ですからね。学ばせてもらうことも多いです」

「山形さんはいつまでも学び続けようとしているんですね」

「**ただ、ダラダラするのはもったいない**ですからね。いろんな遊びもしてきたけど、身にならないものはつまらないでしょう。まぁ、**暇な時間が嫌いなので、予定は結構きっちり入れますね**。最近はタイパって言うんですか。貧乏暇なしです」

山形さんは普段から忙しく暮らしているようです。おせっかいな私はプライベートの人間関係についても気になって聞いてみました。

「家でゆっくりする時間などは取れているんですか？」

「いやぁ、妻も家のことで忙しくしているし、家には帰って寝るだけで、ゆっくりすることはないですね」

「そうなんですか。それではお子さんのこととか、奥さんと話をする時間も取れないでしょう」

「まぁ、我が家は子どものことはすべて妻に任せていますからね。妻も特に何も言ってこないから、それで大丈夫なんだと思いますよ」

ビジネスやスキルアップなど、関心がある話題には前のめりに加わってきますが、家庭の話になるとあまり興味がなさそうでした。

山形さんは精力的に仕事に励み、自営とはいえ規模を大きくしているようで、結果も出しています。そんな中では**ゆっくりするという考え自体が不要なことに感じられる**ようです。しばしば、**「結果がすべてですからね」**と語る姿には、それだけ自分を〝もっともっと〟と追い込んできたという自負もあるように感じました。

「目に見える結果がすべてですよね。お客さんのニーズも刻々と変わっていくし、お金もすぐに飛んでいくし、とても悠長なことは言っていられないんです」とシビアな視点を持ちつつ、絶えず新しいサービスの芽がないかを探りながら、情熱を持って仕事に取り組んでいるようです。

「ニーズを掘り起こし、それに応えるシステムを提案し続けていくのは、骨の折れることでしょうからね」

「そうですよ。ゆっくりするなんて引退した人が言う言葉ですよ。**家族のことは放っておきっぱなしで悪いとは思う**んですけど、わかってくれていると思いたいですね。実は子どもが不登校気味のようで、この前、妻から『**たまには家のことも考えて**』な**んて言われてしまった**んですけどね。高校生にもなれば行動の結果が自分に返ってくるとわかっているはずだし、子どもの人生なんだから自分で考えればいいと思っています」

「お子さんは何年生なんですか？」

「高2と中2で上の子が学校がつまらないのか、家でゲームばかりやっているようで」

「それは心配ですね」

お子さんの近況については心配もあるようですが、山形さんとしては**なんともしようがないこととして距離を置いてきた**ようです。

家族との関係を見つめ直したら……

そんな山形さんですが、ある日、カフェで話していた女性が家族について「問題が片付かなくても、話を聞いてもらえるだけでホッとするんですよ」と言っていたのを聞いて、少し考えたようです。

「この前、カフェにいた女性の話を聞いて、あっこれ僕のことだって思ったんです。子どものことも、どうしていいのかわからなかったから、**そっちでなんとかしてくれよって態度でいたんだなぁ**と思って。それで妻と話したんです」

「ほう、意識して行動を変えるとは素晴らしいですね。それでどうでした？」

「このところ妻は食事も喉を通らなくなっていたようで、やっぱり心配で参っていたようなんですよね。うまく聞けたとは思わないですけれど、妻が最後に『また一緒に考えて』と言ってくれたのは、なんかうれしかったです」

「それはよかったですね。奥さんのこともお子さんのことも、改めて身近な存在に感じられたんですね」

「なんで、自分がこんなに仕事や自己啓発ばかりに気持ちが向くようになったのか、改めて考えてみたんです。**最初は『ちゃんと家族のために稼がないと』という思いや焦りがあった**んですよ。それなのに、いつの間にか家族のことから離れて、業績を上げようとコスト計算や効率ばかりに追われてしまっていたんですね。

いつの間にか、妻や子どもの話を聞くとか、**すぐに解決もできない話を聞くような時間はもったいない**と思うようになってしまって。そんな時間があればもっと仕事をしないと、と考えるようになっていました。ゆっくりと家族で過ごすとか、のんびりするという感覚を忘れていました」

「思い出せてよかったじゃないですか」

効率にとらわれた コスパ・タイパ至上主義さん

山形さんは、家の外では人とのつながりを広げることに熱心に取り組んでいました。一方、家族との関係はコストパフォーマンス（費用対効果）やタイムパフォーマンス（時間対効果）を優先するあまり疎遠になって、気持ちの距離が離れてしまっていたようです。このような親密な関係のあり方は成人期の課題として見ることもできます。

一度、つくり上げた親密な関係も、手を入れ続けていかないと距離ができます。時に連絡をするだけで心が通じ合うような関係もあれば、日々の中で関わりを大切にすることが必要な関係もあります。もともとの関係性や求めるものによって異なりますし、環境や年代によっても変化するものですから、それに応じて対応していくことが必要になるのです。ここからは、山形さんとの対話の中で明らかになってきたことを分解・整理しながら、それに対応するポイントや対処法を説明したいと思います。

「早いことはいいこと」という思い込み

少し脱線しますが、日本の産業組織のあり方についても振り返っておきましょう。日本の多くの企業では１９８０年代末頃のバブル期までは、長く働いた人はそれだけの経験や技術がある、つまり職能が高いということで、年功序列型の賃金体系を重視してきました。その後、若くして仕事で高い能力を発揮したとしても、その頑張りが評価されないことに反発する動きから、アメリカで実施されていた成果主義が導入されていきました。

ただそれも、自律的な行動や競争に慣れていない組織では、かえってチームワークが損なわれて生産性が低下するといった事態に陥り、現在では改めて定年制や年功による賃金アップとともに、一定の成果報酬といった形が揺らぎの中で模索されている状況です。

〝コスパ〟という言葉は「ゆとり世代」と呼ばれる人たちが、〝タイパ〟という言葉はその少し後のデジタル技術が普及した時代に生まれた「Z世代」が使い始めたと言われていますが、そのような姿勢を、効率が求められる年配者たちも取り入れていきました。

より早く、より正確にできた方が、「もっとたくさんいいものが手に入る」という考えは、ある程度、一般化しているといえるのでしょう。

極端に言うと、コスパやタイパという考え方は、人間が自然から食べ物を分けてもらって生きていくという太古の意識から抜け出し、自分で食物を育てたり獲得したりして生きていけるんだ、という自意識を持つようになってから自然に身に付けていった考えと言ってもいいでしょう。それは、近世では「お金」という道具を活用するようになってから加速しているようです。

私も若い頃は、ランチで大盛り無料なんて書いてあると惹《ひ》かれたものでした。最近は以前ほど食べられなくなってきていますし、いろいろと早くできなくなってきているのでなんとも言えませんが、かつてはコスパやタイパを重視していた時代があったと思います。

ただ、早いことや量が多いことが必ずしも優れているわけではありません。

旅行で新幹線や飛行機などを利用すると、早く目的地に着くことができる一方、その移動の間にあるちょっとした素敵なものは見られなくなります。ゆっくりと歩くことで、道沿いのパン屋から漂う焼き立てのパンのにおいや、季節の花の香りにも気が付けます。

昔、私の相談室に通っていた方が、**「ここに来る間の道端に、たくさんのきれいな花が咲いているのに、きょう初めて気が付いた」**と泣いて入ってこられたことがありました。必死すぎて何も見えていなかった自分に気付き、ゆっくりいろいろと感じながら進むことの豊かさを実感されたようでした。

手段と目的を取り違えてしまった

人からの期待や自分に課された責任を感じ、それを果たそうとすることは大切です。時には人と協力しながらも目的に向かい、達成することができたという体験を持ち、それを意味あることだと感じられているといいですね。そうすると新しいステージで課された課題に対しても、前向きに取り組みやすいものです。

しかし、課題があまりにも想定外であったり、今までに体験したことがないように感じられたりすると混乱してしまうかもしれません。

病気や天災、事故など想定外の出来事を前にすると、人は戸惑い、ショック状態に陥るものです。その状態から速やかに回復し、できることに取り組もうと切り替えられるかどうかは、個人の特性にも大きく影響されます。

大人が出合う社会は、子ども時代のように守られた空間でもないですし、範囲も限定されていません。その広い世界で周囲の期待に応えようとするのですから、さまざまな知識や経験を積むことが必要になります。今までとは違った方法・手段を用いることで、自分の経験値をさらに広げていくような取り組みもあるでしょう。

そのように、新しい経験を得ていく過程は喜びになるでしょう。山形さんも学ぶことを楽しんでいましたよね。しかし、いつの間にかその学びや手段が重視され、目的が見失われてしまっていたのです。

中国の思想家、孔子《こうし》の態度を表す「孔子四絶《しぜつ》」という言葉があります。一万円札に描かれている渋沢栄一のほか、多くの人がこの言葉について触れていますから、少し引いてみましょう。『論語《ろんご》』では、「子絶四、毋意、毋必、毋固、毋我」とあり、「子《し》（孔子）、四《よっ》を絶つ。意《い》なく、必《ひっ》なく、固《こ》なく、我《が》なし」と読みますが、

意　浅はかな私利私欲
必　意を満たすための手段を選ばない暴力的なエネルギー
固　内省せず忠告を受け容れない態度
我　意に閉じこもり、他者に対する思いやりを欠いた態度

ということです。孔子ですら、若くから意識をしながらも「七十にして心の欲する所に従えども矩《のり》を踰《こ》えず（七十になり、思うままに振る舞っても道を外れないようになった）」と言っているのです。人はつい目先のことに飛びついてしまい、一歩引き下がって俯瞰《ふかん》した目で目的を踏まえて見るということが難しくなるものですよ、ということを教えてくれているのですね。

「愛」を忘れていないか？

山形さんは、もともと家族のために頑張ろうと仕事と学びにエネルギーを費やしていました。それは家族に対する愛と責任感だったのです。

そのような自分を奮い立たせる存在と出会っているのですから幸いとも言えます。人は愛すべき他者との出会いに飢えているとも言えるでしょう。ただ先にも触れたように、一度築いた親密な関係も不適切な扱い方により壊れてしまうことがあるのです。

エリクソンも、大人は他者との「愛を育てる」ことが大切だと述べています。愛は恋愛などで燃え上がるものではありますが、長く相手を愛し続ける態度を維持することは他者に対する「信頼」という言葉も近しい意味を持つように思われます。「同じ釜の飯を食べた仲」という表現もありますし、生活を共にした仲間に対する信頼なども大きいですよね。

他者に対する温かく、しっかりとした絆を育むことは大切ですが、その前にさまざまな試練が立ちはだかることもしばしばあります。

恋愛関係を例に考えてみると、恋愛初期の愛情は相手との一体化を希求しますから、密で幸福感に満ちたものとなりやすいものです。しかし、半年や1年もたてば、自分と相手との間に横たわるさまざまな違いが目に付き始めますから、それらを理解して許していく作業が否応なく始まります。

人は環境や体験によって考えや行動が変わり、さらには時間や年齢なども加味されて変化し続けます。

そのような中、相手を大切にしようという意識を持ち続けることが簡単でないのは明らかでしょう。まして、現代は過去に比べてさまざまな選択に対する自由度が増しているのです。

さらにもう一点、愛について考えておくと、**愛は「1＋1が2以上になる」という非論理的な世界を教えてくれているように思います。**一人でできることには限界があるものの、それは他者との本当に深い交流の中で乗り越えることができると示しているようにも思えるのです。

ただ逆のことを言うようですが、合わないものとは「適切な距離を置く」という選択肢をなくしてはいけないと思います。私もさまざまな方とお会いする中で、ご夫婦の相談などで和解に向けた取り組みを促すこともあります。

しかし、時には別れた方がいいと思う関係もあります。愛とは一方通行ではなく、双方向での一致を目指すことですから、一方的な想いだけではうまくいかないことがあります。お互いにとって安全で続けていきたいと感じられる関係を、共に育てていくという視点は大切です。

From
エリクソン

人として成熟するためのステップ

人との関係が
深まるかも

ここまで、山形さんのお話をエリクソンの発達段階でいう成人期のテーマとして考えてきました。エリクソンが提唱した成人期は20代から40歳頃までと幅広く、親密なパートナーを得て、他者との関係を深めていく時期だとしています。成長して元の家族から離れ、社会において自分が活動する場所を見出した後に、改めて新しく自分の帰る家をつくるということですね。

かつては結婚適齢期とも呼んだのかもしれませんが、今は時代も変わっています。人生のパートナーや一生の付き合いとなる人たちとの関係を育む能力は、育ってきた環境や価値観の異なる他者との関係調整の能力とも言えます。考え方、感じ方などの違いは必ずあります。

言い換えると、**ある程度、いろんなことができるようになってきた人に対し、改めて「人は一人では生きていけないということを思い出そう」と問われていると言えるかもしれません。**

エリクソンが提唱した課題は、特定の年代で必要とされるものでもありますが、実際にはその前の時期にも獲得されていますし、一度獲得したといっても、その後の環境やその人自身の取り組みによって変化してしまいます。

人は絶えず変化し続ける柔軟な存在です。**過去にうまく身に付けられなかった課題も形を変えて繰り返し問われるわけですから、取り戻すチャンスはいくらでもあるのです。**若い頃に勉強しなかったことを残念に思い、齢《よわい》を重ねてから改めて学びを深めていこうと意気込む人たちも少なくありません。

成人期の課題は「親密性」ですが、赤ちゃんは養育者、特に母的存在との関係では一体化しているとも言われます。これ以上ない親密さです。昔にお会いした方で、乳児期、遅くても幼児期前期までの親に対する子どもの愛情ほど「無条件で純粋なものはない」とおっしゃっている人がいました。確かにそうだと思いました。

人に慰められることを信頼して泣ける、それに対する疑いも警戒もまったく持たない――これはすごいことです。小さな子どもは思い通りに欲したものをもらえなくても、相手をフォローしようとします。脳の発達が未熟だから、というひと言で片付けたくなる人もいるかもしれませんが、人間が適切に成熟に向かう道を進むために、さまざまに工夫がされているとも言えます。

「何が大切か」を改めて考える

この章では山形さんとのやり取りから、成人期の発達課題と絡めながら人の発達と成長について書いてきました。

人は成長するにつれて、より広い世界を見られるようになります。

小さい頃は自分の家の中だけだったのが、少しずつ近所に広がり、小学校、中学校、高校へと進むにつれて世界は広がります。大学時代になると社会とのつながりも増えていきます。そのような中で自分が居る場所のみならず、もっと離れた世界のことを知り、学んでいくのです。

身体がある「今」も大切ですが、私たちは今にとどまらず、離れた場所や過去を踏まえて未来にまで視野を広げることができます。

そのような空間的・時間的にも無限の広がりを持つ外的世界の中に暮らし、どこまでも深みを持つ内的世界を持ちながら、何に取り組むのか、何を好むのか、何が得意で苦手なのか。自分を理解し、うまく活かしていけるようになりたいですね。

若くして自分が力を注ぐことを定めて取り組む人たちがいます。また、齢を重ねた後でも新しい領域に挑戦していく人もいます。ある種のスポーツなど若くから始めないと世界のトップ選手にはなれないというものもありますが、取り組みを始めることは何歳からでもできるのです。

大人になると、青年時代に「人生でこんなことをやっていきたい」と思っていたことについて、より具体的な取り組みを進めながら、**「現実的にどこまで進められそうかな」**ということが見えてきます。先を見通せるように感じるがゆえに、**「自分の人生はこんなものなのか」**と思ってしまう人もいるかもしれません。

ただ、実際の人生は計算通りには進まず、想定外のことが絶えず起こるものです。ですから、それがなんであっても継続的に積み上げていこうとする態度や情熱が、一生に一度、出合えるか出合えないかの奇跡を呼び寄せることもあるでしょう。

こうしてみよう！

［コスパ・タイパ至上主義さん］の抜け出し方

優先順位と時間配分のバランスを見直してみる

目標達成のために犠牲になっていること（家族との時間など）に思いをめぐらせてください。その優先順位が本当に適切かを考えてみましょう。

今そこにある関係を手入れすることを怠らない

一度築いた関係も手入れを怠れば失われます。大切な人に対して、日頃から愛情（信頼）や感謝の気持ちを伝えることを忘れずに。

まわりに

［コスパ・タイパ至上主義さん］がいる人へ

「一緒にゆっくり過ごしたい」と素直な気持ちを伝えて

相手が近しい関係だった場合は寂しいですよね。「もっと話したい」「一緒に過ごす時間を持ちたい」と素直な気持ちを伝えてみてください。

宝物はゆっくり
ていねいに磨きたいからさ

第 6 章

自分の中に引きこもる

人の役に立ったという感覚

福島さんは70代の男性です。若い人たちの話を聞く機会があるのがうれしいと、いつも犬を連れてカフェに来ています。

働き盛りの頃は海外に駐在した経験もあり、かなり忙しく働いてきたようですが、20代半ばで結婚した奥さんと離婚した後は人との関係が煩わしくなり、独身を通したようです。どんな話にも「そうなんだ」という雰囲気で優しく耳を傾けてくれるおじいさんですが、ふとしたタイミングで福島さんご自身のお話をうかがうことができました。

「30代の頃は仕事ばかりで当時の妻ともうまくいかなくなって、子どももいなかったので離婚してしまったんです。外ではそれなりに人付き合いはありましたけど、気持ち的に引きこもるようになった時期があったんですよね。今で言う〝中年の危機〟のはしりでもあったのかな……。そんなとき、私を引き戻してくれた、ちょっとしたご縁があったんです」

「いろいろあったんですね。詳しく聞いてもいいですか？」と問いかけると、福島さんは「ええ、もちろん」と言って話し始めました。

「少し前ですが、水泳の池江璃花子さんが白血病から回復してきたとき、骨髄バンクが注目されたことを耳にされていましたか？」

「ええ、素晴らしい取り組みですよね。骨髄移植が必要な方への支援ですね」

「離婚した後、ふと思い立ってなんとなくドナー登録をしたんです。するとすぐにある方に適合したんですね。なかなか珍しいことらしいのですが、もう人とは深く関わり合いたくないと思っていたし、仕事も休まないといけないので最初は辞退させてもらうつもりでした。だけど、骨髄バンクをつくった人たちや患者さんの話を聞いて、これは避けてはいけないと思ってドナーになることを決めました」

「そうでしたか。骨髄提供者になるのも、不安とかいろんな思いがあったでしょうね」

「ええ。でも何より**自分はまだ人の役に立てるんだ**ということを実感させてもらいました。ですから、これは逆に私が〝もらったこと〟でもあるんです」

「自分」で終わっていないか？

福島さんは現在、仕事から引退して骨髄バンクの支援活動を少しやりつつ、もうひとつの活動にも関わっています。さまざまな事情で保護された犬のお世話や、犬たちを里親につなぐお手伝いです。

「最近、人と暮らすよりもペットと暮らす方がいいという人、よく聞くんですよね。私も昔そういう時期があったし、**人が面倒くさくなってしまって。かといってずっと一人でいるのも寂しい**し、ペットには本当に支えてもらいました」

「アニマルセラピーなんかもありますしね」

「そうそう、生き物との触れ合いって必要だと思うんです。もともと犬は好きでしたし、私自身も人から離れたくなって犬に助けられたときもありましたけれど、今は人との関係を犬がつないでくれています」

「そうなんですか。生き物の存在は大きいですよね」

「特に仕事をリタイアしてからは、**どのように時間を過ごせばいいのか、少し混乱したこともあった**ので……」

「自分のそれまでの役割がなくなり、社会的な立場も変化するタイミングですから、身体がラクになるとはいっても、新しい生活に慣れるのには時間がかかりますよね。最近そういうお話を耳にすることが増えた気がします」

「私の場合は、犬のご縁で保護犬のお世話や里親探しなどのお手伝いをさせてもらっているから、今はそれなりに充実しています。周りの若い人たちも結構頑張ってくれていて、**会社員時代とは違う刺激をもらっています**」


近年、ペットなど他の生き物の存在によって人の心が落ち着くプロセスは、脳神経科学の研究で明らかになってきています。心理学の中では「愛着」という概念でも語られてきました。愛着とは慣れ親しんだものに惹《ひ》かれ、親しい関係を続けていこうとする動きです。もともとは母子関係における研究として進められたものですが、大人にとっても大切な感覚です。

福島さんは海外赴任や離婚、そして退職と人生において大きな環境の変化を体験していました。離婚した後にはショック状態に陥ってしまっていたのかもしれません。もともとは人の輪に入っていくのが好きなタイプでしたが、そのような体験が人との親しい関係を断つという態度につながってしまったのでしょう。

そんな福島さんにとって、誰かのドナーになったという体験は、**自分の存在が「人の役に立っている」**という大きな実感として、人との関係をつなぎ直す力になったようです。

人との心理的な距離は物理的な距離とは異なります。福島さんは骨髄を届けられた相手とは実際には会っていませんが、それでも他者を、また同様の体験をしている人を本当に近しく感じているようです。

引きこもる人たちの世界

「引きこもり」は1980年代後半から不登校と並行して、社会問題として取り上げられました。現在は引きこもりの人たちも高齢化して、子どもからお年寄りまで大きな問題になってきています。

私もかつて、引きこもりの子どもがいる家庭を訪問し、部屋から出てきた子と一緒に生活をして社会につなげていくという活動をしていた時期があります。今は心理という別の仕事に就きましたが、そこでも社会に出ようとして出られない、引きこもる人たちとお会いすることがときどきあります。

人は皆違うのですから、それぞれが見て感じている世界は異なっているとも言えるでしょう。そして、引きこもっている人たちと社会、その社会で暮らす人たちの間には、一般的に考えられているよりもギャップがあるように感じるのです。現代では、インターネットやAIなどの発展により、そのギャップが大きくなっているところと小さくなっているところがそれぞれあるように思います。

社会・他者などの現実世界からの刺激（インプット）、その捉え方や受け止め方（処理）、そして表現の仕方（アウトプット）などのあり方に正解はありません。

人や社会に対して、なじめないと感じて距離を置いている人に対して、多くの人が社会で許容されていると考える常識や「ふつうはこうでしょ」という態度を押しつけても、お互いの交流はできないものです。

人との付き合いを諦めた人、現代社会の早いペースにはついていけないと感じている人、周囲に対して自分のことをわかってもらうことはできないだろうと感じている人などさまざまです。

ただ実際には、そのような独自の世界と現実社会の間に橋を架け直し、社会とのつながりを取り戻した人たちもたくさんいますから、やはり人は柔軟性を持っています。近年はデジタルトランスフォーメーションへの取り組みなど含め、新しい仕事も創出されてきていますし、ソーシャルメディアなどもうまく活用して、つながりを広げられるといいですね。

課題を掘り下げて考える

つながりを諦めた

どうせ最後はひとりさん

福島さんは離婚後、家庭こそ持たなかったものの、社会的な活動を通して社会と適切につながり、次世代に対する務めを果たしていました。よって、ここでは福島さんができていないことではなく、危うくできなくなりそうだったことに注目してみたいと思います。

福島さんが取り組み続けている活動は、青年期に「自分とは何か」を求めていろいろな活動に情熱を傾けるのとも趣が異なり、今の場で自分を活かすために、言い換えると自分の存在を確かめるための腰を据えたものでした。若い頃は仕事にも恋にも一生懸命だったようです。エネルギーに満ちていたんですね。

ただその後、仕事で余裕をなくしてしまい、大切なパートナーとの関係では〝支え合う〟という形がつくれずに精神的に孤独なときを過ごしました。

これは壮年期の課題に直面したという見かたもできます。人との親密な関係を育み、社会における活動を安定させるために、自らが安心して帰る場所をつくるという課題です。

その後の福島さんの姿からは、そのような場は必ずしも家や家庭という形をとる必要はなく、社会の中での自分の居場所を見出すという例があることを教えてくれます。

それは、バリバリ仕事をしている人にとっての職場が心地よいというのとは少し趣が異なるように感じます。職場はさまざまな競争や問題があり、それを解決し続ける場所です。

そこで能力を発揮するのは素晴らしいことですが、心身がくつろげて休める場ではないと感じる人は少なくありません。それでも福島さんにとって今の活動はいろいろとトラブルはあっても、絆やくつろぎさえ感じられる場なのです。

エリクソンは成人期には「愛を育む」と言いましたが、**壮年期にはその愛を人に渡して広げていくこと、人の「お世話をする」ということが大切なのです。**

ここからは、福島さんとの対話の中で明らかになってきたことを分解・整理しながら、それに対応するポイントや対処法を説明したいと思います。

早い終わりを待つだけのような

どんなに日々を丁寧に過ごしてきたところで、思いもかけない出来事に遭遇することはあります。

福島さんは心の中では大切にしていたつもりながらも、家族を顧みない時間を過ごした結果として「別れ」を体験しました。その後は人と親密になることに難しさを感じるようになり、他者を拒否するようにもなってしまいました。

「どんなに頑張ってもどうせ最後はひとり」だと、孤独の中に自分の身を置くしかないような思いで日々を過ごしていたのです。

そのような時間は、早く終わることを待つだけのような、つながりを感じられないむなしい時間になってしまいます。

福島さんのような体験をした後に、誰もが人間関係に消極的になるわけではありません。その衝撃がどのようなものだったのか、それをどのように克服しようとするのか。より積極的になる人もいるでしょうし、人に対して疑心暗鬼になる人、「次こそは」とこれまで以上に誠実に人に向かおうとする人もいるでしょう。

同じストレスでも、外罰的に怒りを感じやすい人もいれば、内罰的に抑うつになる人もいます。いずれにせよ、ダメージを受けた後はしばらく心が冷やされます。**冷えた心をどのように温め直せるのか、ということがポイントになります。**

冷えた心は、それが一時的なものにとどまるのか、長期にわたるのかによっても異なりますが、本人の心理状態を悪化させ、ストレスへの耐性を弱くして、過去への退行、つまりは精神的な子ども返りを生じさせる傾向を強くします。

ある意味、自己中心的になることで自分を守ろうとするのです。

そのような状態が続いてしまうと、どのような微細なストレスすら耐え難く感じ、ひたすらにストレスを最小限にすることに全力を注ごうとするかもしれません。

ストレス自体をゼロにできるはずはないのですから、ストレスをなくそうとするのは勝ち目のない戦いです。それよりも自分を元気にするストレス、言い換えると自分を奮い立たせるような、いい意味でのプレッシャーを大切にした方がいいですね。

心が冷えた状態や諦めムードから脱出するために、再び人や社会との物理的、または精神的なつながりを主とする温かい感覚を取り戻すのが有効だということは、脳神経科学の結果からも示されています。

福島さんも病気で苦しむ人たちを支える体験によって、社会との物理的、心理的なつながりを取り戻していけたのですね。

自分を守れないから世界を小さくする

ショックなことがあると、心が冷えてしまうことについて書いてきました。そのような体験は「不快」ですから、できるだけ同様のストレス状況を回避しようとするのは自然なことです。

ただ残念なことに、ストレスを避け続けることで悪循環から出られなくなってしまう例は思いのほか多いのです。

この本を通してお伝えしてきたように、人は成長するに従い、自分の世界を広げていきます。最初は母親など守り育ててくれる人を介して世界を感じ始めますが、その存在を安全基地として少しずつ周りの世界を探検し始めます。

学校や習い事なども広い世界を知るきっかけとなり、所属する場所でどのように振る舞うことが期待されているのかを学び、必要に応じて自分を適応させていきます。**広い世界でも自分を守れる力を身に付けていくのです。**

一方、強いストレスにさらされるということは、「自分を守れていない」という認識につながりますから、世界を小さくして自分を守ろうとします。

引きこもるというのもそのひとつの表れです。その際は自己中心的になりがちですし、人に「なんとかしてほしい」という欲求を持つ傾向が強くなります。ある程度育った子どもが〝赤ちゃん返り〟をすることがあるように、発達を逆戻りさせることはままあるのです。

赤ちゃんは自己中心的でありながら、全面的に他者に依存することが許されている稀有な存在です。人は成長するに従い、他者への思いやりを持ちながら自律的に動けるようになっていく、という見かたもできるでしょう。

確かにわかってくれる人、守ってくれる人がいることで救われることは多く、人間関係はストレスをやわらげる働きを持ちます。一方、ストレスを強める原因のひとつとしても人間関係が働いてしまうことがあります。**人間関係は毒にも薬にもなるのです。**

福島さんの例でもありましたが、ペットも他者と同様に助けになってくれます。自己中心的な状態で他者に対して壁をつくってしまった人でも、ペットの存在は毒になる要素が少なく、許容できることが多いようです。また、純粋なところが多い小さい子どもも毒になる要素が少ないので、そのような存在に癒されるという人たちも多いですね。

冷えた心を再び温め直すことができると、また世界は広がります。広ければ良いというものでもありませんが、心地よい広がりの中で自分の存在を感じられるといいですね。

From
エリクソン

「お世話」から生まれるつながり

次世代に
わたしていこう

この章では福島さんの話について、エリクソンの発達段階でいう壮年期のテーマと重ねつつ考えてきました。エリクソンが提唱した壮年期は40代から60代半ばと幅広く、**自分が身に付けてきたことを次世代に引き継いでいく時期です。**家庭では子どもを育てていく時期でもありますから「生殖性」と呼ぶこともあります。仕事や家庭、社会的な活動を通じて社会に対する責任を果たし、次の世代を育てていくのです。

余裕がなくなっていたり、自分のことばかりを考える傾向が強かったりするなど、次世代への関心が薄い場合には、心は外に向かずに自分に向いているだけですから、自己中心的で人のお世話をしない人と見なされてしまいます。

次世代や社会のための活動に取り組むことで、他者や次世代に対する関心と責任を持つ力を発揮し、**「世話する」ことで社会とのつながりを強めていくのです。**

人生において、若くしてこれというものを定めて取り組み続ける人もいます。伝統工芸などに魅入られてその世界に入る人たちも、必死に心身にその技術を刻みながら、次第に長く続くバトンを継げるようになっていくのでしょう。

心理臨床家でもその発達モデルでは、①初学者、②上級学習者、③初心の専門家、④熟練した専門家、⑤後進を育てる専門家というステップが示されています。

他の領域でも同じようなことが言えるのではないでしょうか。人のお世話を苦にせず声をかけていく人もいますし、経験を積んだ上で自分の関心ある領域の発展に静かに尽くそうとする人たちもいます。やり方は人によりさまざまなのです。

次の世代にバトンを引き継ぐ

「長く生きた」ということは、たくさんの経験をしてきたということでもあります。**たくさんの思い通りにならないことを経験しながら、現状を打破したり、その気持ちを回復させたりといった経験を積んできたのです。**

自分がストレスに際してどのように反応するのか、どういったことが自分の心を冷やすのか、どのように冷え続ける傾向があるのかを知れば、その対策も立てやすくなります。心の回復体験とそのための方法（どのように心を温め直せるのか）をそれなりに持てているといいですね。

その方法としては、誰かに話を聞いてもらう、状況を冷静に俯瞰《ふかん》してみる、問題解決に際してもガリガリやりすぎない、なんとかなったことを思い出す、「まいっか」と思える――など無限にあります。**自分の気持ちの調整力と心の回復力を持つことが大切なのです。**

理系の研究などで若くして成果を上げる人もいます。数学者の岡潔は自然とともに暮らしながら長い時間をかけて数学研究を掘り下げ、世界的な成果を上げた人です。その岡は、「情緒を養う教育は何より大事に考えねばならない」と述べ、さまざまな状況で気持ちの調和を保持することが何よりも大切だと主張しています。

まさに気持ちの調整力、つまり知的発達とは異なる情緒的発達の大切さを指摘しているとも言えます。

話を戻します。壮年期に至った人は世界、社会を俯瞰した上で、その場において自分の力を発揮することで、社会に対してなんらかの貢献をしようと肚《はら》を据える——それがこの時期に課された課題とも言えます。

それは誰かが見ているかもしれませんし、誰も気付かないかもしれません。その取り組みで出会った若い人の心の琴線に触れることもあるかもしれません。いずれにせよ、そのことは人生を豊かにするでしょう。人に出会い、その人から学び、なんらかのバトンが継がれていくのです。

この年代における（次）世代性は、自分が生きてきた社会で一緒に同じ時間を過ごしてきた人たちと協力しようとすることでもあります。熟練した経験と知識、心の成熟がそれを助けてくれます。

そんな魅力的な場面に触れる機会は、若い人には自分のこれからの道を示してくれるものであり、壮年者にとっては自分の歩んできたものを認めてもらうことにもなります。お互いを尊重し合いつつ、社会を維持しているのですね。

こうしてみよう！

［どうせ最後はひとりさん］の抜け出し方

そこにいるだけで
きっと誰かの役に立っている

小さくても自分が人や社会の「役に立っていること」に目を向けながら、いつも自分のことを気にしてくれる人がいることを思い出してください。

冷えた心を温めるために…
専門家の手を借りる選択肢を

心が温かくなることをイメージできますか？それがとても難しい場合は心理カウンセラーなどの専門家に相談することも考えてみましょう。

まわりに

［どうせ最後はひとりさん］がいる人へ

一緒に楽しめそうなことを
見つけて誘ってみよう

遊びに誘うなど小さな“おせっかい”が役に立つことも。はじめは思うような反応が得られなくても、気長に付き合っていきたいですね。

あげたのに増える
なんかいいよね

第 7 章

自分も他人も信頼できない

子育てを通して自分を振り返る

大阪さんは30代前半の元気な女性です。育児の真っただ中のようで、ときおり子どもの手を引いてカフェにやって来ます。子どもはまだ幼稚園に入る前でしょうか。いつもお母さんを見ては、かわいらしくニコニコしています。

大阪さんはしっかりした性格のようで、**誰かに話しかけられた際は笑顔で応対しますが、一人になるとふっと疲れた表情を見せる**ことがあります。常に子どもと一緒で、自分のこともままならない時期なのかもしれません。

そんな大阪さんは子育てを通して、自分のことを振り返ろうとしているようです。笑っている子どもはかわいいと思えるけれど、泣いたりかんしゃくを起こしたりすると、**途端に我慢できなくなってしまうことがある**ようです。

おもちゃが散らかるのも嫌で、家で遊ばせるときには小さなカーペットの上でだけ。**そこからはみ出ると必要以上に怒ってしまう**。そんな自分はおかしいのかなと、カウンセリングに行くことも考えたようですが、まずは「よろず相談」で話を聞いてみようと、カフェに来てくれたとのことでした。

「子どもをちゃんとかわいがれない私って、やっぱりどこかおかしいんですよね」

「かわいいと感じられるときもあるんでしょう？」

「ええ、でも**ちょっとしたわがままにも耐えられないことがある**んです。自由に遊ばせた方がいいとはわかっているんですけど、なんだか負担で……」といった話から、子育ての苦労話、さらには、なぜ大阪さん自身がそのように感じてしまうのかなど、話が進みました。

「最近、毒親《どくおや》っていうじゃないですか。私も**自分が毒親になってしまわないかって恐れている**んです。うちの親はすごくて、普段は怒鳴り合っているか、静かなときも無視し合っているだけだったし、学校のお金も出してくれなかったし……」

警戒心が手放せない

大阪さんにとって、子ども時代の家庭は安全だと感じられる場所ではなかったようです。かろうじて学校では数人の話ができる友達と、近所の駄菓子屋さん（今でいう子ども食堂のような）のおばちゃんとの関係を支えに、自分の生活をつくろうと大学の学費も自分で稼いで、必死に通ったそうです。

「今は親御さんに子育ての手伝いをお願いできるような関係ではないんですか？」

「それはあり得ませんね。一度、子どもを連れて行ったときも、孫をかわいがろうというより、『お前なんかにちゃんと子育てができるのか？』とか言ってきて。もう絶対に実家には帰りたくないと思って、距離を取っているぐらいですから」

「昔も大変だったようですが、今も変わらないんですね」

「母親はいつも『お前がいるから離婚できずに私は不幸になったんだ』と言っていたし、子どもながらに『自分が悪いんだなあ』と思っていたけど、今ではもう親は病気なんだと割り切ってます。残念ですが、私は親ガチャでハズレだったんですよね」

明るくエネルギッシュに見える大阪さんですが、親に対しては諦めしかなく、そのことで随分と悩んだ時期もあったとのこと。現在は親とも距離を置いて、新しい家庭で自分なりの安全な世界を築いていると言います。それでも、**元気にしていないと自分の弱いところが人にばれてしまうのではないか**と不安になりがちなところも見えてきました。

心が休まらない環境で育ち、ずっと気を張って頑張ってきたからかもしれません。明るく振る舞うものの警戒心は強く、**なかなか安心するという感覚に至ることが難しい**ようです。3章の80頁でスキーマについて触れましたが、大阪さんのスキーマはマイナスの方に大きく偏っているようです。

普段は自分の中にどのような気持ちを感じているのか聞いてみると、

「**結構、不安が強いですね**。イラッとすることもあるんですけど、仲良くなった人からは『**そんなに頑張らなくていいよ**』ってよく言われますから」

「じゃあ、どんなときにリラックスしていると感じられますか？」

「リラックスですか。力を抜くんですよね？　わかるような、わからないような……」

「お風呂に入ったときなんか、身体も心もホッと温まるような感じがするという人もいますよね。お子さんが小さいから、なかなかゆっくりする時間がないかもしれないけれど」

「うーん、やっぱり、**あまりリラックスはしていない気がしますね**」

「確かに今までのことを聞いても、力を抜くのが難しいところがあるのかな。これを機にリラックスの方法などを練習してもいいかもしれませんね」

その後、大阪さんはしばらくカウンセリングに通ったようです。カフェではその経過やときどきに感じていることを話しながら、自分の状況を確認しているようでもありました。体の緊張を緩める練習の効果がわかりやすかったようで、ラクになるのがうまくなり、不思議と自分に対する批判的な考えも少しずつ弱まっていると言います。

「自分自身を育て直しているような気持ちになる」と言い、前よりも肩の力が抜けて、子どもと一緒に遊ぶのもうまくなっていったようです。部屋を散らかされてイラッとする感覚が出てくることはあっても、「子どもなんだから仕方がない」と思い直すなど、気持ちの調整もできるようになってきたそうです。

「どうやって自分と付き合っていけばいいのか、少しだけわかってきました」と笑う大阪さんは、まさに自分自身に対する信頼を取り戻しているようにも感じられました。

誰のことも信じられない

いつも力が抜けないさん

大阪さんは社会人として働き、子育ても頑張っています。エリクソンの発達段階に当てはめると大阪さんの年齢は成人期と言えますが、その前の時期の課題の達成率は状況に応じて変化しているようです。

エリクソンは発達課題を人生の特定の時期の課題だとしましたが、実際にはそれら課題はすべての時期に示され続けており、**特定の時期に学びを深めるピークのタイミングが、心身の成長と自分が生きている社会生活上の訓練との兼ね合いで訪れる**と考えていたようです。

この本で書いてきた発達課題も同様です。それゆえに、この大阪さんの問題を乳児期のテーマという形で検討することが可能なのです。

大阪さんの発達段階の課題達成率

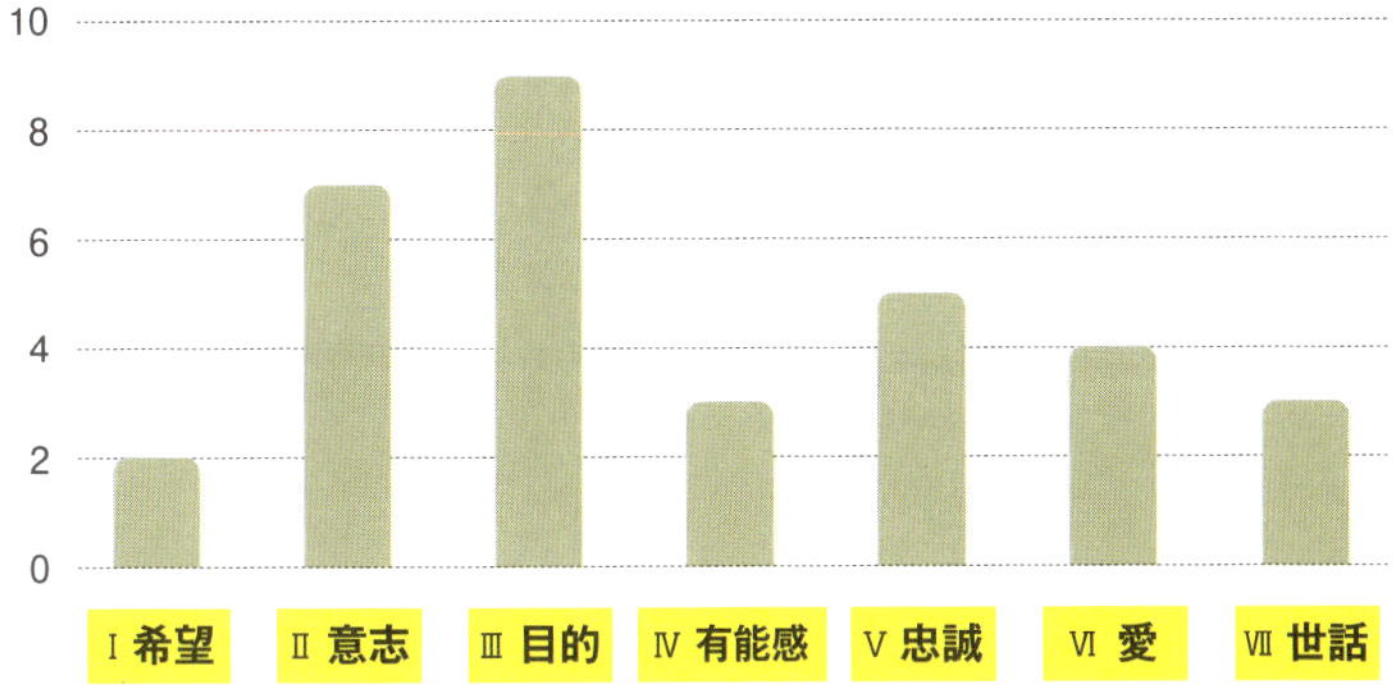

ここではあくまでも概略ですが、皆さんにもイメージしやすいように、乳児期からその先の壮年期までの各発達課題に関して、大阪さんの達成状況を図示してみました。

このお話の中で大阪さんは柔軟に変化し始めていますから、カフェに出入りし始めた頃の平均的な課題達成のイメージとでも言いましょうか。

大阪さんは内心では心を開くのが難しくても、状況を読む力は優れていたようで、その力（目的意識でもありますね）で、状況に適応しているように振る舞うことができていたようです。

心理領域の中では、上図に示したような発達課題達成率というような言葉は使いません。しかし、実際のところはこのように発達は凸凹《でこぼこ》し、かつその形も変化するのです。

そして、新しく直面した課題が大きい場合には（6章でも書きましたが）退行、つまり前に達成していた課題すらできないような状態に戻ってしまうこともよくあるのです。

ここからは、大阪さんとの対話の中で明らかになってきたことを分解・整理しながら、それに対応するポイントや対処法を説明したいと思います。

自己批判・他者批判が強すぎる

子どもは思い通りに動いてくれません。そもそも他者が自分の思うように動いてくれるなんてことを期待しすぎてはいけませんね。それどころか、自分自身のことすら思い通りにするのが困難だと感じている人も多いのではないでしょうか。そのような状況は「不快」ですから、うれしくない気持ちになるのは健康なことなのです。

嫌なことがあったときに嫌な気持ちになる、これは正常です。もちろん、同じ状況に置かれても、いら立つ人や不安になる人など、その表れ方は異なります。

子どもに対して怒りをぶつけてもうまくいかないと、大阪さんも頭ではわかっていました。それでも理性では感情のコントロールが難しかったのです。

2章で感情の上がり下がりは正常なことだと説明しましたが、その出かたが極端にパターン化していたり、状況にそぐわないほどに強すぎたりと、柔軟性に欠けると思われる場合には、自分の発達課題の達成状況に影響されていると考えていいでしょう。

つまり、大阪さんのようにネガティブに感じる感情が強くパターン化している場合には、それは**自分が置かれている状況に対する適切な反応というよりも、自分の中の課題を示していると言えるのです。**

思い通りにできないとき、それは自分または相手が必ずしも「悪い」ことを意味しているとは限りません。私たちは失敗から学ぶのですから、次に同じような状況になったときにはどうすればいいのかを教えてくれているのです。どこかで再び改善のチャンスが訪れるのです。

実際に失敗したとき、私たちは学ぶ以上に反省が先立つことがしばしばあります。人により不安や罪悪感が出てくるのも自然なことです。ただ前にも触れましたが、そのときに注意したいのが**「自己批判に入らない」**ことです。

反省と批判は隣り合わせです。批判まで突き進まず、反省にとどまり、次に向けた学習に進む準備をすることが大切です。それは改善や自己成長を促進するポイントでもあります。自分に対して怒りを向けること、つまり自分への攻撃も自己批判のひとつの形ですから気を付けたいですね。

子どもが思い通りにならない、そして自分が思い通りに振る舞えないことで、大阪さんは自分を責めすぎてしまっていたのです。大阪さんはしばらくカウンセリングに通い、自分自身と向き合い始めました。それらは自分に対する信頼感、肯定感を育むための取り組みだったとも言えるでしょう。

子育てもそうですが、**思い通りにならないときに、自分や人に対して温かい姿勢で**

関わり続けるためには、自分自身が温かく接せられた体験が必要です。人から温かくケアされる体験を持つことは、自分が人に温かく接するための芽を育てるのです。

力の抜き方がわからない

大阪さんは幼少期から気を張って生きてきたせいで、肩の力が抜けない状態にありました。警戒が解けない状況では、いざというときのために身体に力が入ってしまうのは自然なことです。

乳児は身体感覚が未発達なため、そのような環境に置かれると、感覚的な心の緊張が強くなります。行動としては泣かなくなったり、表情が無くなったりしていきます。**手助けを求めるサインを発しなくなるのです。**成長して身体を自分の意思で動かせるようになるにつれ、身体を使って自分を守る、つまり身体を緊張させるようになります。

緊張が抜けないと、過剰に相手に合わせたり、その反対に相手に対して好戦的な態度を取ったりする傾向が高まります。心や身体の力みはさまざまな形で表れるのです。

リラックスの方法を知り、リラックスした状態に自分をなじませるのは大切なことです。慣れていない人にとって、リラックスした状態は無防備な感じがして落ち着かないものですが、少しずつ心身をその状態になじませていくのです。

「遊び」は大切です。**遊ぶためには、力を入れることと力を抜くことの両方ができないといけません。**例えば、ボールを投げるにも、ボールをつかんでいる間は手に力を入れて、うまく手放すためには適切なところで力を抜かないといけません。大阪さんはリラックスすることに慣れるにつれて、子どもと一緒に遊ぶことを楽しむのがうまくなっていったようでした。

身体のみならず、感覚としてのリラックスに慣れることも大切です。心がリラックスしていると、目の前のことを素直に楽しめるようになるものです。**「リラックスする」というと簡単なように感じる人もいるかもしれませんが、これは時に本当に奥深く難しいことがあります。**普段使っていない〝リラックス筋を鍛える〞というような面もあるのです。

大阪さんはその方法に丁寧に取り組むことで、徐々にうまくなっていったようです。そして、リラックスすることがうまくなるにつれて、喜びや安心など心の栄養も、しっかりと深くまで届けられるようになっていったのです。

信頼は小分けにする

「信頼することは難しい」という人たちがいます。そんなとき私は、**「最初から大きな信頼を目指さずに、小さい信頼を積み上げてみよう」**という話をします。

例えば、皆さんは風邪をひいたときに内科のお医者さんのところへ行き、お薬をもらって治そうとするかもしれません。その医師とお薬を信頼していますよね。

それでは、もしお腹が痛くて「盲腸かもしれない」というときに、その内科の先生に手術をしてもらおうとするでしょうか？ しないですよね。やはり、手術に慣れた外科の先生でないと怖いですよね。

内科の先生はこの部分で信頼できる、外科の先生はこの部分で信頼できる、この人はこれについて……というように、**信頼は小さく分けて考えてみるといいのです。**

信頼というと、どうしても人柄や性格などと考えて、「その人のすべてを受け入れないといけない」と大きく考えてしまいがちです。そのように人のことを思えない自分を責めては苦しくなるという悪循環に陥る人も少なくありません。

人を心から信頼するということは、そんなに簡単なことではありません。ある意味でその人に対して自分自身を投げ渡すような部分があるのです。

このような大切なテーマについて、ゼロか百かというような極端な考えに陥ってはいけません。大きなことを成し遂げたいときに、小さなことから積み上げていくのは鉄則です。

他者に対してだけではなく、自分自身に対して信頼を持てているかどうかも大切ですね。それができず、**「自分が信頼できない」**という悩みもよく耳にします。

人のことを信頼できない自分が嫌い、本当の自分のことを人が知ったら嫌われるに違いない……。いろいろな理由はあるでしょうが、誰しも人のことを信頼できない自分自身は嫌なものです。

それはひっくり返すと、**「本当は自分を信頼したい」「誰かを信頼できる自分になりたい」ということでもあります。**それほどに人は「信頼」という感覚を自然に、かつ大切に感じているのです。

まずは、自分のことで「ここはいいな」と感じられているところを探してみましょう。他者との人間関係も自分自身との関係も同様です。

小さなことでも人や自分の「いいな」と感じられるところ、信頼できるところを見つけられるように心がけてみましょう。この確認作業を繰り返し継続することで、他人や自分に対する信頼感が強くなっていくのです。

From
エリクソン

「なんとかなる」から「まいっか」へ

この世界は
よいところだなぁ

大阪さんのお話をエリクソンの発達段階でいう乳児期のテーマとして考えてみました。エリクソンが提唱した乳児期、つまり赤ちゃんは生後しばらくの間は自分一人では生きていけませんので、世話してくれる人に頼るしかありません。

その信頼に応えてもらい、心身が満たされ、温まる体験を重ねていくことで相手を信頼する感覚が育っていくのです。これを「基本的信頼」と呼びます。

このような体験を重ねることができなかった場合には「信頼できない」のですから、不信感に陥らざるを得なくなります。

赤ちゃんは「泣けばなんとかなる」などと意識はしていないものの、そこで育まれた信頼感は「なんとかなる」という希望につながります。そのような感覚はどの年代においても大切な力になります。

人間は生まれてすぐには自分で何かをすることができません。ミルクを飲ませてもらい、おむつを替えてもらうなど世話をされて生き延びることができます。赤ちゃんはお腹がすいても、気持ちが悪くても、ただ泣くことしかできません。

泣くと適切な処置がされて、なぜかお腹が満腹になったり、お腹の下の方が（その部位を知覚してはいないのですが）きれいにされてすっきりしたりするので、**「なかなか心地よいところだな」**と、この世界を感じ始めるのです。

これが信頼感の土台です。世界や母的存在との関係は分離しておらず、一体感として感じられます。そして成長していくに従い、母親と自分を別の存在として認識できるようになっていくのです。

赤ちゃんは世話してくれる人（母親的存在）を頼りながらも、現実的に母親がおっぱいをくれるときとくれないときがあることを、少しずつ理解していきます。

いつも自分が欲しいときに欲しいだけお腹を満たしてくれるわけではないと知り、良いときと悪いときがあることを感じつつ、それを信頼感という土台の上で耐えられるようになっていくのです。このような体験を通して「全体としては良いことが多いかな」と感じられるようになれば十分なのです。

当然のように、信頼感は乳児期以降にも大きな影響を与えます。引き続く成長の過程で、その時期に合わせて新たにつくり直されていくのです。

信頼感がしっかり獲得できていない場合は、良い面と悪い面をバランスよく受け止めながら関係をつくることが難しくなります。その場合は幼児期や青年期、さらには成人期など、どこかのタイミングでしっかりと信頼感を育む体験を持てるといいですね。そうでないとその後の人間関係に強く影響し続けます。

信頼と不信の揺らぎも人によってさまざまな形を取ります。すべてに対して不信感が強い人もいれば、ある特定の人に対してすごく信頼していたと思ったら、ちょっとしたことで不信感でいっぱいになって関係を断ってしまう、というような極端な態度を取る人もいます。

不信感が強くなりやすい人は、「まいっか」という心のクッションが薄いので、ジェットコースターのような激しい感情の変化に振り回され気味になるのです。

良いことがあればうれしく、嫌なことがあれば不快になるのは健康な証しです。嫌なときには内罰的に自分を責めて憂鬱《ゆううつ》になったり、どうしていいのかわからなくなったりして不安になりやすい人もいます。外罰的に人や状況に対していら立ちを感じやすい人もいます。人は時と場合により、内外どちらにも揺れるものなのです。**その状態から、ちゃんと「まいっか」という穏やかで安心できる状態へと回復できるかどうかが大切なのです。**

感情は必ず変化します。中国の故事成語に「臥薪嘗胆《がしんしょうたん》」という言葉があります。敵に対する憎しみが変化してしまわないように努力したという話です。それぐらい状況の変化や考え方、行動ひとつで感情は変化してしまうのです。

そのような柔軟な心があるということを知り、その存在を確かめるのも自分に対する信頼感を育む一手となるでしょう。

人を信じて自分を好きになる

この章では大阪さんとのやり取りから、乳児期の発達課題と絡めながら人の成長について書いてきました。

乳児期の課題とは言っても、それは形を変えながらその後の人生に影響を与え、変化していきます。信頼感を持てた後でも、状況に合わせて、それを適切に保持できるといいですね。

エリクソン自身も著書『ライフサイクル、その完結』(みすず書房刊)においては、年代順に発達課題の説明は行っていません。その順番にあまりとらわれすぎないでほしいという配慮でしょうか。そのように考え、本書でも最後の章に乳児期を持ってきました。この本で紹介してきた課題とその表れ方は、さまざまなタイミングで繰り返し表面化するものなのです。

信頼というテーマは、近くは夫婦や親子関係から、国同士の関係まで広く影響しています。そこには温かい愛があってほしいものですが、冷静な目で判断することも大切です。自分の味方と感じられる人は多く持ちたいですよね。そして、そのように感じられない人に対しても、決して敵ではないという理解が大切です。敵・味方という二分割思考自体が信頼と不信の揺らぎを大きくするのです。

人は対人関係を深めていく中で、相手の良い面のみならず、嫌な面も見えてきてしまうものです。夫婦であっても信頼する友達であってもそんなものです。

そんなときに考えた方がいいことは、**その嫌な面は自分が許容できる領域の話なのかどうか。**もし、許容できないならば真剣な話し合いが必要になるでしょう。嫌な面がひとつでもあるから「もう嫌いだ」とならずに、相手からすると自分にも同様に嫌な面があるのだろうと自覚しつつ、お互いに理解を深め、お互いを許し合えるような関係を深めていけるといいですね。

年を重ねたり、自分の経験が広がったりすることで、相手の知らなかった面が見えてくることがあります。
少し古いですが、『結婚の深層』（A・グッゲンビュール＝クレイグ著、創元社刊）というおもしろい本があります。著名なユング派の心理療法家が書いたものです。結婚は相手との闘いである、ただその闘いをうまくこなし切れることで素晴らしい体験ができるであろう。最初から理想的な関係なんてないということを肝に銘じろ――というところから始まる、なかなかに刺激的なものです。

さて、ここまでカフェで出会った7人の物語を紹介しつつ、人の成長について考えてきました。

人生は物語をつむぐようなものです。誰がどのような物語をつむぐのか、それは決められていません。皆さんがご自身で選び直し、これから新たに変えていける部分も決して少なくないのです。

こうしてみよう！

［いつも力が抜けないさん］の抜け出し方

自分が“心地よい”と感じるものにかこまれる体験を重ねて

お風呂でホッとする時間や肌触りが好きなタオルなど、自分が心地よいと感じるものを知り、肩の力が抜けてリラックスした状態に身をなじませます。

最初から大きな信頼を求めず小さな信頼を積み上げていこう

人と関わるときは「この件はこの人」「あの件はあの人」と小さく分けて考えてみましょう。0か100かではなく、少しずつ積み上げる経験が大切です。

まわりに

［いつも力が抜けないさん］がいる人へ

言葉や態度で「私はあなたの味方だよ」と伝えよう

心を許すのに時間がかかるため、寂しい気持ちになることも。相手の状況を想像しながら「あなたの味方だよ」と伝え続けることが大切です。

肩の力を抜いて
リラックス　リラックス！

おわりに ─ 老年期と人の英知を探して ─

ここまで読んで、自分の中に「そんなところもあるな」とか、社会で「あぁ、こういう人いるよな」と思い浮かぶような話はあったでしょうか。
人により関心を持たれたところは異なることかと思います。この本では7人の例を土台に、人の成長がどのように進むのかについて書いてきました。その背景には多くの研究者が積み重ねてきた成果があり、さまざまな人とお会いしてきた中で私自身のことも含めて感じたこと、考えてきたことでもあります。

「謙虚さ」が心の支えに

エリクソンが示した人が迎える最後の段階、老年期についてはまだ説明していませんが、大切なところですので、この本を終える前に少しだけ触れておきましょう。

もともとエリクソンは、自身が老いを感じ始める中で、人は死を迎えるにあたり「生そのものに対する聡明かつ超然とした関心」を持つに至る、それこそが人がたどり着く「英知」であり、それまでの人生が統合されていく時期なのだと述べていました。その後、エリクソン自身も齢《よわい》を重ねていくに従い、著作の最後の修正では第9の段階まで書いています。

エリクソンは、老年期に入るとそれまでのさまざまな課題が達成された反面、「危機」と呼ばれた側面も表面化する傾向が強くなることを指摘しています。

例えば、希望や信頼はそれまでのようには精神的な支えとはならなくなる。それに代わり、信仰や適切な謙虚さなどによって、絶望を「追い出す」ことが賢明であろう、と述べています。

人生の最後が近づくにつれ、改めて自分の人生を静かに見直し、自らのあり方を見つめ、超越的な視点にたどり着く人もいるでしょう。ある意味でさまざまな宗教や精神的修養が目指すところに近づくとも言えます。

アーネスト・ヘミングウェイによる小説『老人と海』について少し触れながら老年

期について考えてみましょう。これはキューバの老漁師サンチャゴの物語です。

サンチャゴは、魚を釣り上げられない期間が長く続いて「運がない」と言われ続けても諦めずに漁に挑み続けます。ある日、巨大なカジキマグロがかかるのですが、その魚は非常に強く、サンチャゴは数日間奮闘します。その戦いの中で老漁師はさまざまなことを回想しながら、戦い続ける魚を「兄弟」と呼び、同じ生き物としての深い敬意すら抱き始めます。

ようやくに奮闘を終え、仕留めたカジキマグロを船の側面にくくりつけて帰港する途中で多くのサメが現れ、捕まえた魚は食い尽くされてしまいます。帰港したときには船には魚の骨だけが残り、失意とともに疲れて寝入ってしまいます。

しかし、サンチャゴはかつて共に漁に出ていた少年に励まされ、「自分には運がない」という思い込みから離れ、尊厳を取り戻すのです。

この物語は人間の不屈の精神や自然との調和、孤独と戦う勇気が描かれたヘミングウェイの代表作です。

「自分はできる」と信じ、取り組み続け、最初に目指した目的がどんでん返しでかなわないとしても、自分の尊厳を維持するのみならず、自然に対する畏敬の念も深く保つ態度の大切さを教えてくれます。

老年期は「希望が支えとならない」と書きましたが、希望に代わる敬意を示す謙虚さや、結果にかかわらず（生きてきた結果がどうであろうと）尊厳を保てることは支えとなるでしょう。

この本で見てきた成長におけるテーマを通して見てみると、サンチャゴは齢を重ねて改めて目標を見据えて取り組み続け、孤独を感じつつも他者との関係をつなぎ直し、次世代と助け合いながら尊厳を保つという勇気ある姿勢を示したのです。

人が絶えず、さまざまな試練によって揺さぶられる中、挑戦し、さらに磨かれて、より成熟した形に至る可能性があることを示しているとも言えます。

人が人に「あげる」から始まったこと

老年期の話はこれくらいにして、改めて人生全体を考えてみましょう。あまり耳にすることがないかもしれませんが、いにしえの人類がいかに心の平安を見出したのかを探求し、現在に役立てようとする「対称性人類学」という学問分野があります。これまで書いてきた内容から少し離れるように感じる部分もあるかと思いますが、人のあり方を考えるのに役立つと思いますので、書かせていただきますね。

この分野は、心理学で人の中にあると仮定されている「無意識」とは何を指し示しているのか、私が研究を深める中で出合ったものです。日本では人類学者の中沢新一がその領域での発信を多くしています。

中沢は対称性人類学という視点で世界の神話の中に残された共通点、先住民族たちの行動様式から見られる自然への畏敬、宗教的修養の中に見られる世界観などをたどっています。

それをうまくまとめていると思われる東洋思想研究者の井筒俊彦の文章を引用し、その世界を紹介してみたいと思います。少し難しく感じる人もいると思いますが、できる範囲でお付き合いください。

すべてのものが無「自性」で、それら相互の間には「自性」的差異がないのに、しかもそれらが個々別々であるということは、すべてのものが全体的関連においてのみ存在しているということ。つまり、存在は相互関連性そのものなのです。根源的に無「自性」である一切の事物の存在は、相互関連的でしかあり得ない。関連あるいは関係といっても、たんにAとBとの関係というような個物間の関係のことではありません。すべてがすべてと関連し合う、そういう全体的関連性の網が先ずあって、その関係的全体構造のなかで、はじめてAはAであり、BはBであり、AとBとは個的に関係し合うということが起るのです。（「事事無礙《むげ》・理理無礙──存在解体のあと」『コスモスとアンチコスモス──東洋哲学のために』井筒俊彦著、岩波書店刊）

すべては無に帰すのであり、時間や空間的制約すらない。自他の間、生と死の間には大きな溝があるように感じられるが、そんな溝（境界線）自体が本来的にはないと言うのです。そして、その違いを内に抱えながらも同時にすべては対等な関係としてつながり合っているという、いにしえの考え方です。そこでは人と人の関係にとどまらず、人と動物など生きとし生けるもののすべての間に〝対等な関係〟があると考えているのです。

この思想の中で、「贈与」という行為は重要なキーワードです。私たちは物を得るときにお金を払いますよね。これは交換原理です。一方、**家族や親しい人の間では、交換ではなく「あげる」、つまり贈与をします。**

そして相手になんの見返りも求めない純粋な姿勢に至るのが、人が本来持っていたものではないか、と対称性人類学では指摘しているのです。人は社会を形成していくに従い、次第に純粋贈与から見返りを求める贈与へ、そしてさらに「交換」という方法を生み出してきたと言えるのです。

このような考えを心理学に持ち込んでみると、この本でも触れてきた発達的視点とも重なるところがあるのではないかと思います。母親が赤ちゃんの面倒を見たり、お世話をしたり愛情を注ぐとき、**本来そこに〝見返りを求める心〟は存在しません。**そして、子どもも全面的に母親を信頼しています。そのような関係はまさに純粋贈与の世界でもあるかと思います。

2章の母親の話というわけではありませんが、母親が子どもに対し、「私のおかげであなたは大きくなった」というような姿勢になったとき、それがもはや純粋贈与でなくなっていることは、読者の皆さんもお気付きになることかと思います。見返りを求めずに相手に「あげる」というような関係は、人の幸福感につながるということが指摘されています。そこに人は安定と幸福を見出すのです。

現代社会であれこれ利害や関係性などを考える訓練を受けてきた私たちは、**なかなか無条件に「あげる」ということができません。**自分の欲求や感情のみならず、「世の中こういうものであろう」という型にはまった考えからは、そう簡単に自由にはなれないものです。

それでも、相手の立場に立って考える、相手の気持ちを慮《おもんぱか》って行動することは現代でも大切な価値観です。仕事やさまざまな関係の中で、無条件に「あげる」が難しいのは当然としても、**できる範囲でそこに近づける関係をつくっていこうとする姿勢が大切に思われます。**もしも身近にある親密な関係の中で、お互いにそのような態度でいられる相手を持てたなら、それはうれしいことですね。

相手に対して、何かしら「期待」してしまう傾向から完全に自由になるのも、なかなか難しいものです。6章に登場した男性は、ペットとの関係を大切にする人たちについて語っていました。ペットに対しては何も期待しないでいられる。相手に期待せずに、ただ相手を思うだけでいいという純粋な感覚に近づけるということが、人をペットに向かわせるのかもしれません。

先ほど紹介したサンチャゴの話ではありませんが、年齢を重ねて人生の終わりが見えてきて、自分の欲求にとらわれる要素が減る中で、改めてそのような純粋な心の姿勢を見出していくことができるのではないか、それによりエリクソンが老年期に獲得される知恵として示した「英知」に至ることもあるのではないか、と考えてしまいます。

そのような領域を心理学、人類学、その他の学問を広く視野に入れて探求していくことができたら、とてもおもしろそうです。

感情的成長を押し進める

エリクソンは、人の発達段階を社会的視点から整理しました。身体的な発達は青年期までにある程度進みますし、知的な学習を重ねることで知識や思考的側面の発達も進められます。そのような中で、もうひとつ成長が望まれる大切な側面は感情的（情緒的）な発達です。このステップについては、エリクソンの著書にうっすらと示されているのみで明確な指摘はありませんが、私は大切なテーマだと考えています。

感情的発達について話を進める前にもう一度、発達段階を振り返ってみましょう。人は乳児期や幼児期で「自分」という感覚を身に付けます。これは人としての基本的自己感とつながります。自己感とは**確固たる概念として成立したものではなく、自己にまつわる何かしらの感覚とでもいうようなもの**だと言われています。

エリクソンの研究が人生全体を俯瞰《ふかん》しているのに対し、自己感の研究は乳児発達研究を進めた乳幼児精神医学の第一人者であるダニエル・スターンが提唱し、その後に広く注目されていったものです。

スターンは自己感を「萌芽《ほうが》的自己感」「中核的自己感」「間主観的自己感」「言語的自己感」と大きく4つに分けました。スターンの研究には深入りしませんが、生後に獲得される4つめの自己感、「言語的自己感」について触れてみましょう。

私たちは言語を身に付けながら、自ら考えたり他者と言葉の意味を共有したり、自分を客観視する力を獲得していきます。1章でエリクソンの指摘した幼児期前期では、言語の急速な学習が進むことについて触れましたが、それと重なりますね。

これら自己感は私たちの中で「言葉になり切らない感覚」としてずっと働き続けるとも言われています。それは感情ともつながると思いませんか？ 感じていることを言葉にして、把握できるようにしたものが感情ですが、思考とは違いますよね。

自己感や感情は私たちの心の深いところとつながっています。人は環境の影響を受けながら成長します。昔から年配者たちは「今の若者たちは……」と言いがちですが、時代によって、これら自己感の形成が変化している側面があるのかもしれません。

2000年を超えた頃から、近年の若者たちは自分の内面を語れず葛藤しなくなっているのではないか、そしてそれは自己感と関係があるのではないか、という指摘を行う研究者もいます。

感覚と感情はとても近いところがあります。最初は「快」と「不快」だけでしかなかったようなものから、「怒り」や「悲しみ」などを異なるものとして認識できるようになっていきます。さらに知的な発達が進むに伴い、「自分が感じていることを他の人も感じているのだ」という認識もできるようになります。

それらの感情は人との複雑な関係の中で磨かれていきます。強い感情の振れ幅にも耐え、苦痛から回復できるというスキルは、小さい頃から繰り返し体験したことで身に付くものです。

仲間意識、親密さ、愛情などという発達の中で示されてきた課題は、感情（情緒）的発達のステップと言ってもいいでしょう。このように、人は人間関係を広げながらより広い社会に活動の場を広げていき、自らの感情のみならず、人に対する共感や思いやりを深めていくのです。このように考えると、感情を感じる力を深め、その理解を深めるステップは、人間の成熟ともつながっているとも言えるでしょう。

私たちは知的な学びには積極的に取り組みますが、感情についての体験的な学びはお粗末になりがちなところがあるかもしれません。加えて、インターネットの普及やソーシャルメディアの影響で、実際にその場所に行ったり、顔を合わせたりせずに済むやり取りも増えています。

確かにオンライン会議などは、わざわざ出かける時間が短縮できてラクな面もあります。だからこそ、私としては少しくらい面倒に感じたとしても、意識的にさまざまな実体験を通した学びの中に自分を置かないと、せっかく発達させてきた感情が退化してしまいそうで心配なのです。

私自身、かつては感情の取り扱いでは苦労してきました。ところが幸か不幸か、選んだ仕事が感情調整に関わる心理カウンセラーだったので、多様な感情を体験し、言語化することから逃げられない場所に居続け、感情の訓練をたくさん積むことができました。私自身にとっては苦痛も多かったですが、結果として以前よりも、人との関係を深めることができるようになってきたと感じています。

自分の中に湧き上がる強い感情を適切に調整する力は、人の発達が進むにつれて獲得されていく能力です。**多彩な感情を感じとり、自分の感情調整ができる、人の感情を想像できる、そして人の感情に共感できる——そのような感情的発達は尽きることがありません。**

その際、感情に対する知的な理解や知識を持つことは大いに役立ちます。感情調整がうまくなるためには、どのような感情も避けずに体験し、耐えて、その感情が変化する体験を重ねる必要があります。それらは繰り返し体験することで、さらにうまくなっていくのです。

できることをご一緒に

ここまで人の成長について書いてきました。私がこのように人の成長について書くことができたのは、縁あってお会いしてきたたくさんの人たちに教わったところが大きいと感じています。一方で私自身のことを言うと、当然ながら〝発達の途中〟です。わかることとできることには、大きな違いがあると感じています。

人は一歩一歩成長するものです。自他の成長のために**「できることをしていく」**のです。自分が願い、成長させたい領域と社会や状況から要請される領域が異なることさえあります。それでも、そのときにおける優先順位を踏まえ、無理やり自分を抑え込むのではなく、かといって好き勝手するのでもなく、自分を前に動かす工夫をしていきたいものです。

継続は力です。そして学ぼうとする姿勢それ自体も、知らないことを知ろうとする謙虚な姿勢につながり、次世代に影響を与えているのです。

終わりなき学びと成長をこれからも一緒に続けていきたいですね。

エリク・H・エリクソン

1902-1994年

アメリカの発達心理学者。
ドイツ・フランクルトに生まれ、画家を志した後、
ウィーンでアンナ・フロイトに師事し、精神分析の訓練を受ける。
1933年に渡米後、青年期のアイデンティティの概念や
心理社会的発達理論を提唱。
人生を8段階のライフサイクルと捉え、
人は生涯にわたって成長し続けると考えた。